U0076714

利略

一旦開始運動就不會停止！

即使燃料用盡，太空船仍會持續前進

距離地球最遠的人造物「航海家1號」

1977年以火箭發射升空的美國國家航空暨太空總署（NASA）的太空探測器 —— 航海家1號（Voyager 1）與航海家2號（Voyager 2），直到2023年的現在仍然遵循著慣性定律，持續在太空中航行（慣性飛行）。

假設有一艘太空船在空無一物的太空中飛行，附近沒有任何星系或天體，直到某天用完了所有燃料。那麼，這艘太空船是否會在某個時刻完全停止、不再飛行呢？

事實上，太空船既不會停止也不會轉彎，而會以相同的速率永遠地直線前進。即使沒有去推、拉，運動中的物體也會以相同的速率持續直線前進（等速直線運動），這種現象稱為「慣性定律」（law of inertia）。

慣性定律又稱為「運動第一定律」（Newton's first law of motion），是與一切物體運動相關的三大重要定律之一。在我們的日常生活中，由於受到摩擦力、空氣阻力（第18～19頁）等因素阻礙，無法看到物體持續運動的景象。但若是以太空這類「理想狀況」來思考，即可發現物體運動的本質。

以相同的速率
持續直線前進

航海家1號

慣性定律（運動第一定律）

如果沒有從外部施加任何力，運動中的物
體會以相同的速率持續直線前進，稱為
「等速直線運動」。此外，如果沒有從外部
施力，靜止中的物體會持續靜止。

汽車因為施力得以加速

加速度與施力大小成正比

力於物體時，該物體會如何運動呢？

原本靜止不動的汽車在踩下油門之後，會開始前進並逐漸加速。這是因為輪胎的旋轉逐漸變快，同時一直向後「蹬」地面的緣故。輪胎透過「蹬」地來對汽車施加往行進方向的力，讓汽車逐漸加速。

若是反過來踩下煞車，輪胎的旋轉就會減慢，在輪胎和地面之間作用的

「速率」與「速度」的差異
在物理學上，「速率」（speed）與「速度」（velocity）有所不同。速率僅用於表示物體運動快慢程度的值，而速度又包含了物體運動的方向。如果把方向盤往右轉，便會施加向右的力，使汽車右轉。

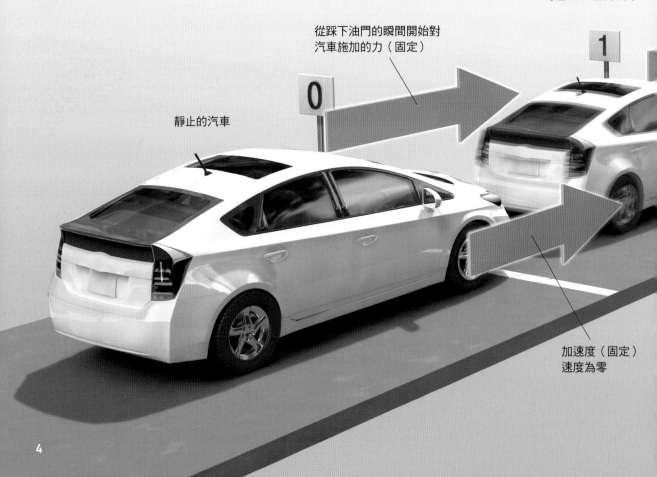

時速20公里的汽車

從踩下油門的瞬間開始對汽車施加的力（固定）

靜止的汽車

加速度（固定）
速度為零

摩擦力變成朝著與行進方向相反的方向，進而造成汽車減速。像這樣對物體施力時，該物體就會加速或減速。

　　如果施加固定的力，則物體的速度會持續產生固定的變化。這種在固定時間內的速度變化量稱為「加速度」（acceleration）。

時速40公里的汽車

時速60公里的汽車

速度（逐漸變大）

力

速度

加速度

對其施力會逐漸加速的汽車

插圖所示為以固定的時間間隔，對汽車施加固定的力使其逐漸加速的過程。汽車以每次提升時速20公里的速度變快。

　　已知若施加固定的力，則汽車的加速度就會固定，稱為「等加速度運動」。對汽車施以2倍的力，加速度變成2倍；施以3倍的力，加速度變成3倍。

力的大小取決於質量×加速度

能夠預測物體運動的
運動方程式

若以同等的力去踩同一輛汽車的油門，則多人共乘時會比一個人開車時更難以加速。這個現象代表「物體越重（質量越大的物體）則加速度越小」（質量與加速度成反比）。也就是說，即使施力相同，當物體重量為2倍時，加速度會變為2分之1；當物體重量為3倍時，加速度會變為3分之1。

另一方面，就如第4～5頁所示，對

較輕的人　　　　　加速較快

彈簧產生的力

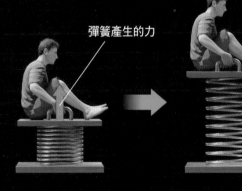

在國際太空站（ISS）測量體重的方法
在會失重飄浮的太空中，無法使用一般的體重計。讓太空人乘坐在收縮的彈簧上再釋放彈簧力，此時乘坐在上面的人越輕則加速度越快，越重則加速度越慢。根據當時彈簧產生的「力」和「加速度」即可算出「質量」（體重）。

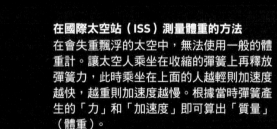

較重的人

加速較慢

彈簧產生的力

測量體重的太空人金井（右頁照片）
宇宙航空研究開發機構（JAXA）的太空人金井宣茂從2017年12月17日至2018年6月3日，滯留在距離地面約400公里處公轉的國際太空站。這是金井測量體重的模樣。當彈簧力釋放，金井乘坐的地方就會上下振動。

同一物體施加的力越大，加速度就越大，亦即「力與加速度成正比」。把這些關係整理之後，可以建構出「力（F）＝質量（m）×加速度（a）」的公式。

　　這個式子稱為「運動方程式」（equations of motion），是三大運動定律當中的「運動第二定律」（Newton's second law of motion）。運動方程式揭示了「對多重的物體施加多少力，物體會如何加速」（亦即物體「未來」的運動）。

> ### 運動方程式（運動第二定律）
>
> 表示力、質量與加速度之間關係的公式，是任何運動的基本定律。
>
> $$F = ma$$
>
> F：力 [N]
> m：質量 [kg]
> a：加速度 [m/s²]

我們一直在吸引地球

在物體之間作用的萬有引力

游泳選手用力蹬向池壁，即可做出敏捷有力的轉身動作。此時改變其前進方向，並使其加速的力為何？游泳選手踢蹬池壁，所以是對池壁施力。但如果游泳選手本身沒有受到外力作用，應該無法做出轉身動作（無法改變運動的速度）才對。事實上，在施力的同時，必定會有和該力大小相同但方向相反的力作用於施力方，稱為「作用力與反作用力定律」（law of action and reaction），亦稱為「運動第三定律」（Newton's third law of motion），適用於所有的力。

像萬有引力（重力）這類作用於相隔物體之間的力，也遵循作用力與反作用力定律。也就是說，當跳傘者受到地球重力吸引而下墜時，儘管極其微小，地球也正被跳傘者的「重力」所吸引。

作用力與反作用力定律（運動第三定律）

當A物體對B物體施力時，B物體也會對A物體施以相同大小的力。此時，兩個力的方向剛好相反。

池壁反推選手的力　選手踢蹬池壁的力

地球吸引人的力

人吸引地球的力

作用力與反作用力定律也適用於相隔的物體

在跳傘運動中，使跳傘者加速的力就是地球的重力。所謂重力是指在一切物體之間作用的「萬有引力」[※]。

由於地球的質量非常大，因此地球移動的距離極短，為1個氫原子核直徑的10萬分之1，距離極其微小。

※：在某些情況下，也會將重力視為萬有引力與地球自轉產生之離心力的合力。

萬有引力定律

萬有引力作用於一切物體之間，其大小取決於物體的質量以及物體之間的距離。距離越近則萬有引力越大。

$$F=G\frac{m_1 m_2}{r^2}$$

F：萬有引力 [N]
m_1、m_2：兩物體的質量 [kg]
r：兩物體間的距離 [m]
G：萬有引力常數
（6.67×10^{-11} [N·m²/kg²]）

月球正持續
向地球墜落

假如沒有萬有引力，
月球將筆直飛離

萬有引力束縛月球

月球持續在地球的周圍繞轉。如果沒有萬有
引力，月球將會依循慣性定律筆直地飛出
去。反過來說，正因為月球由於萬有引力被
地球吸住，才沒有筆直飛離，而是持續向地
球墜落做圓周運動。

月球明明因為萬有引力被地球吸引，為何不會墜落呢？事實上，這是由於月球以秒速1公里的速度持續繞著地球運行。

如果沒有萬有引力，月球將會依循「慣性定律」（第2～3頁）筆直地飛出去（右圖）。但實際上，月球在萬有引力的作用下被地球吸引，行進方向因此轉彎。將依循慣性定律的路徑和實際路徑進行比較後會發現，說月球正朝著地球「持續墜落中」也沒有錯。月球受到萬有引力吸引而不斷朝地球墜落的同時，卻又與地球保持幾近一定的距離持續做「圓周運動」（實際的運行軌道是稍扁的橢圓形）。

正如第4～5頁的說明，施力會使物體的速度產生變化。萬有引力導致月球的速度產生變化，改變的是其運動方向而非速率。

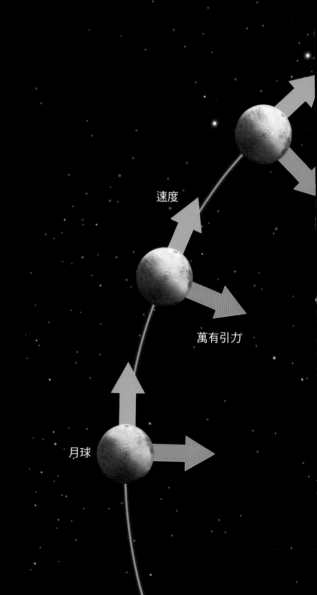

速度

萬有引力

月球

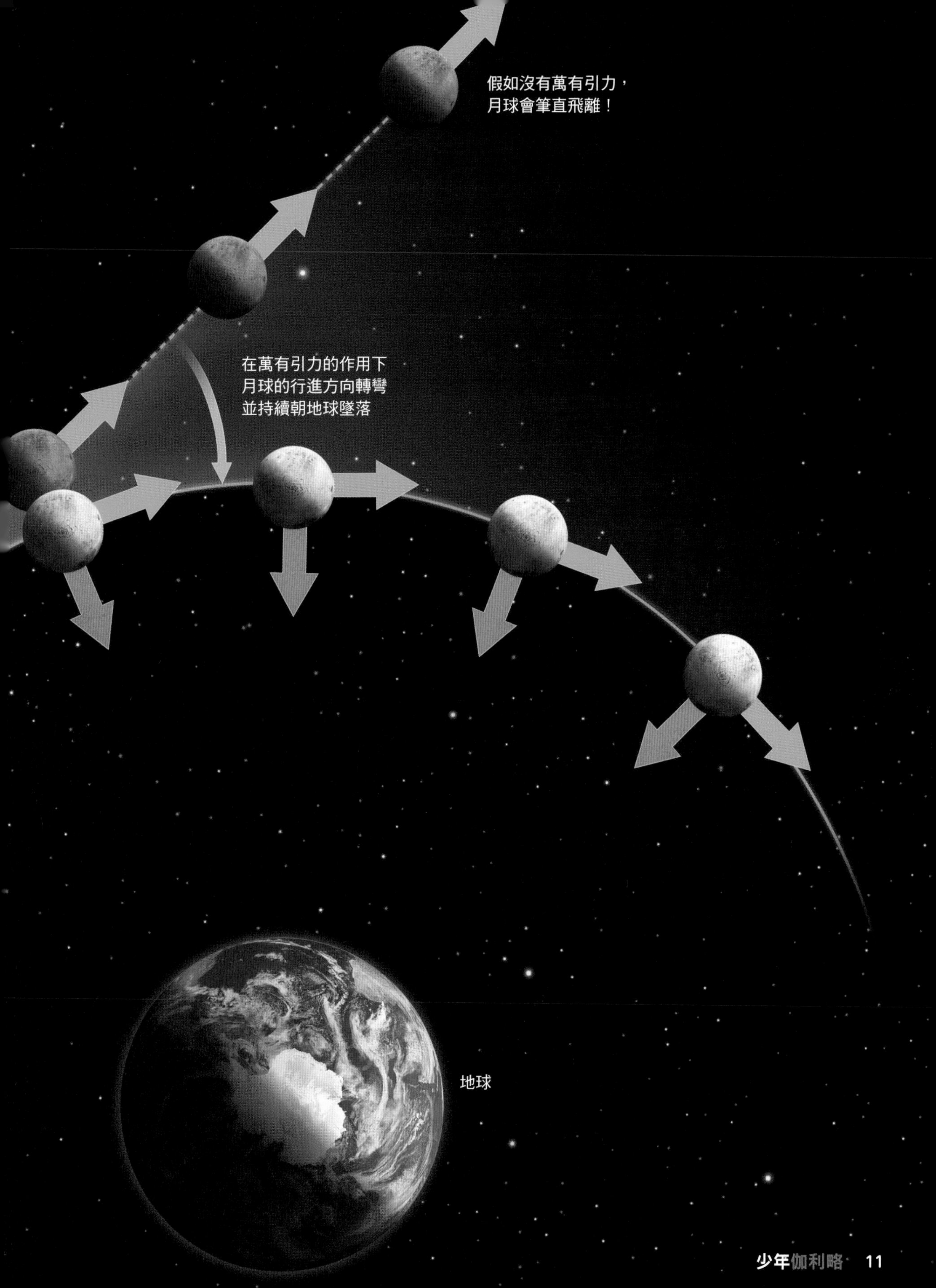

假如沒有萬有引力，
月球會筆直飛離！

在萬有引力的作用下
月球的行進方向轉彎
並持續朝地球墜落

地球

國際太空站也受到地球的引力作用

離心力與萬有引力的平衡
使太空船內處於失重狀態

應該有不少人曾經在媒體上看過國際太空站（ISS）的太空人以失重狀態活動的樣子吧。不過，國際太空站的飛行高度在離地約400公里處，這個距離與地球的半徑約6400公里相比，也不算多高（1）。

儘管萬有引力會隨著距離地球越遠而越弱，但其大小在高約400公里處與在地面時幾乎沒有差異。那麼，為何國際太空站會變成失重狀態呢？

1. 國際太空站的高度與地球半徑

2. 圓周運動為加速度運動

在時間點1的速度

速度變化（加速度×經過時間）

在時間點2的速度

國際太空站（ISS）

在時間點1的速度

在時間點2的速度

國際太空站的高度：約400公里

萬有引力（向心力）

萬有引力（向心力）

地球的半徑：約6400公里

地球的截面

別忘了國際太空站正在地球周圍做圓周運動。國際太空站會受到朝向地球中心方向的萬有引力作用,因而具有朝向地球中心方向的加速度。圓周運動正是加速度運動的一種。這裡所說的加速度運動,是指行進方向的變化(2)而非速率的增減。

由於國際太空站正在做加速度運動,因此會受到與地球方向相反的慣性力影響,即所謂的「離心力」(3)。在國際太空站內,由於離心力與來自地球的萬有引力互相平衡,故處於失重狀態。

3. 在國際太空站內漂浮的太空人(失重狀態)

離心力(慣性力)

萬有引力與離心力互相抵消,形成失重狀態

來自地球的萬有引力

離心力
(從國際太空站內觀察時產生的慣性力)
→ 與加速度方向相反

國際太空站

萬有引力
(向心力)

國際太空站(ISS)

探測器是藉由後拋燃料來前進

「動量」表示「運動的力量」

JA XA的太空探測器「隼鳥2號」（Hayabusa 2）自升空起花了6年的時間，在2020年12月完成了往返小行星龍宮（162173 Ryugu）的航行。在既沒有空氣也沒有任何東西存在的外太空，隼鳥2號是利用什麼方法加速的呢？

試著坐在有輪子的椅子上讓雙腳離地，然後使勁地投出籃球吧。在投出籃球的瞬間，椅子會因為「反作用

動量守恆定律

坐在椅子上的人與籃球的動量總和最初為零。投出籃球時，人向後移動的動量僅相當於球向前飛出的動量。動量的大小相同、方向相反，故其總和與投球前同樣為零，即動量守恆。

動量可由「質量×速度」求得，所以當用更快的速度投出更重的物體時，坐在椅子上的人會獲得更大的動量而能快速移動。

人的動量   籃球的動量

←　＋　➡　＝ 0

力」（對籃球施力的反作用力）而朝著與投球相反的方向移動。隼鳥2號也是利用相同的原理，透過「離子引擎」來前進。離子引擎可朝後方噴出氣體狀的氙（Xe）離子，如此一來探測器便能透過其反作用力來加速。

該現象可用「動量守恆定律」（law of conservation of momentum）來說明。所謂「動量」（momentum）是指「運動的力量」，可利用物體的「質量×速度」求得。動量守恆定律就是「只要沒有受到外力的作用，則動量的總和永遠保持固定」。

用離子引擎噴射加速的「隼鳥2號」
隼鳥2號是使用離子引擎將燃料向後噴出，藉此獲得向前的動量來加速。而如果朝前進方向噴射氙離子，就能夠減速。隼鳥2號在航行中透過減速1次、加速2次的方式，進入小行星龍宮的公轉軌道。

隼鳥2號

離子引擎

噴出的氙離子

「能量」不會增減

位能增加多少，動能就減少多少

如果從高臺上以不同角度、相同速率擊出網球，那要朝什麼角度發球，才能夠使網球在落地之前的速率最快呢？事實上，無論從何種角度發球，球在著地瞬間的速率都是相同的。

原理是「力學能守恆定律」（law of conservation of mechanical energy）。網球具有兩種能量：其一是依網球運動速率而定的「動能」（kinetic energy），其二是依網球位置高低而定的「位能」（potential energy）。而動能與位能的能量總和為固定不變。

因此，無論朝什麼角度發球，從「相同高度」以「相同速率」擊出的網球其能量總和始終不變。再者，由於網球在著地瞬間的位能相同，所以在著地瞬間的動能大小也會一致。也就是說，網球的速率也會一樣。

力學能守恆定律

當只有重力作用時，動能與位能的總和保持不變。另外，如下方公式所示，動能與速率的平方成正比，而位能與高度成正比（物體在越高處則越大）。

動能

$$K = \frac{1}{2}mv^2$$

K：動能 [J]
m：質量 [kg]
v：速率 [m/s]

位能

$$U = mgh$$

U：位能 [J]
m：質量 [kg]
g：重力加速度 [m/s²]
h：高度 [m]

隨著上升⋯⋯
位能增加
動能減少
能量總和不變

位能大小

動能大小

能量守恆定律

能量有許多種類，會根據各種現象互相轉換。

即使能量發生轉換，其總和也始終不變，此即「能量守恆定律」。

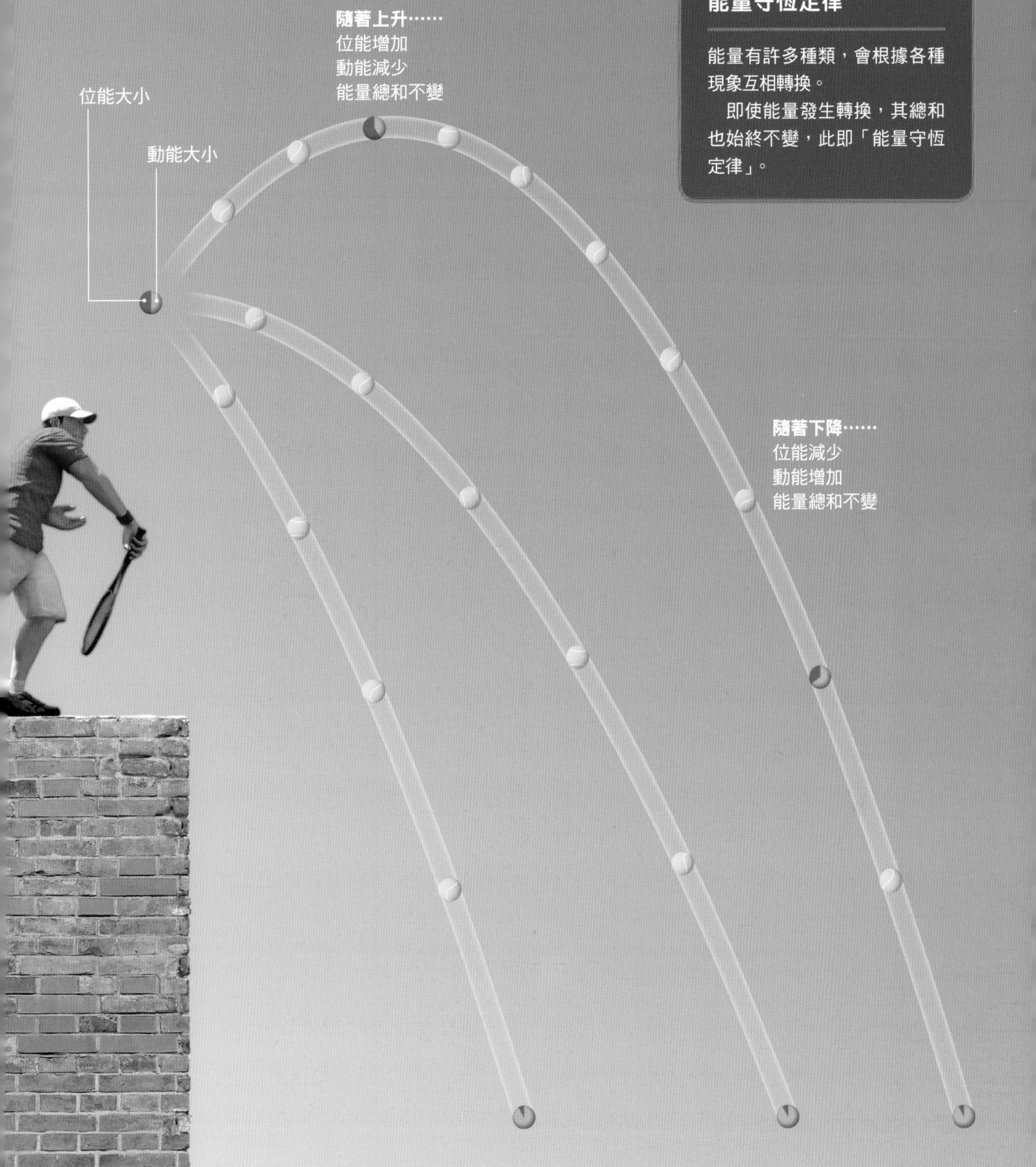

隨著下降⋯⋯
位能減少
動能增加
能量總和不變

著地瞬間的網球速率為？
根據力學能守恆定律，處於相同高度的球具有相同的位能（球的綠色區域）
和相同的動能（球的橘色區域）。也就是說，著地瞬間的球速相同。

若沒有摩擦力
就無法行走

即使是在光滑的冰面上，
物體也必定會停下

如果只考慮理想中的力學能守恆定律，則在平坦道路上滾動的球應該不會失去動能，而且會持續滾動下去。然而，正是因為有「摩擦力」（frictional）和「空氣阻力」（air resistance）的影響，球實際上最終會停下來。

摩擦力是作用於彼此接觸的物體之間，施加在阻撓運動方向上的力。只要物體互相接觸，摩擦力就絕對不會

當運動因摩擦力而靜止時，會產生熱

無論何種物體，只要有接觸就必定會產生摩擦力。即便是在由薄水層構成的冰面等處，摩擦力雖然會變小，但是不會變成零。冰壺運動中的石壺雖然可以滑動很遠的距離，但最終也會在某處停下來。

設想看看石壺因為摩擦力及空氣阻力等因素而停止的情形。此時，動能會減至零，因摩擦力而減少的動能主要會轉換成熱能，而空氣阻力亦同。因此，與物體相碰撞的空氣溫度會微微上升。

是零。空氣阻力也是阻撓物體運動的力，當物體試圖破風而行之際，就會受到來自空氣的反方向的力。

　或許很多人會認為摩擦力和空氣阻力是阻撓運動的一大妨礙，但要是少了摩擦力存在，我們恐怕連蹬地而行都難以做到，而且一旦動起來就很難停下來。

　此外，如果沒有空氣阻力的話，雨水將會高速落下，打到身上會讓人痛

得受不了呢！

摩擦力的公式

運動中的物體其「動摩擦力」可用以下公式表示。

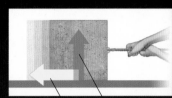

摩擦力　正向力

$$F = \mu N$$

F：摩擦力〔N〕
μ：摩擦係數（視物質而異）
N：正向力〔N〕
　　（從地面垂直推物體的力）

空氣阻力

摩擦力

從蘋果落下
想到萬有引力？

距離英國倫敦以北200公里左右的地方，有一個名為伍爾索普（Woolsthorpe）的寧靜鄉村，這裡正是歸納出牛頓力學系統的物理學家牛頓（Isaac Newton，1642～1727）的故鄉。牛頓的老家有一棵蘋果樹，也就是相傳牛頓在某天看到蘋果落下而發現萬有引力的蘋果樹。儘管這個故事多半是象徵性的意義比較大，但也未必全然是虛構的。

牛頓的父親曾經營一座小型農場。在農場長大的牛頓於1661年進入英國劍橋大學三一學院就讀。不過，當時英國正流行黑死病，導致大學在1665年8月關閉。於是，牛頓回到故鄉伍爾索普，在此度過1年半的時間直到1667年初返回劍橋大學。

萬有引力定律即是在這個時期發現的，這也是讓農場裡的蘋果樹與發現萬有引力一事被連結起來的原因之一。

在奇蹟年創下的三個壯舉

牛頓在1665～1666年回到故鄉伍爾索普的期間，造就了永存於科學史上的豐功偉業，因此這段期間又被稱為「奇蹟年」。

在此時期，牛頓發現了力學的根基「萬有引力定律」，而廣泛運用於力學等物理學中的數學「微積分」的基礎也在此時確立。此外，「來自太陽的白光是由各種顏色的光構成」也是該時期的巨大發現。

牛頓

牛頓老家的蘋果樹透過嫁接在世界各地生長。照片為日本東京大學附屬植物園（小石川植物園）的分株。

吸盤能貼在牆上是因為空氣在推壓

大氣壓力強力推壓一切物體

為什麼吸盤不需要黏著劑就能牢牢貼在牆壁上呢？

空氣是由無數個肉眼看不到的微小「氣體分子」聚集而成。以常溫大氣為例，每 1 立方公分就有大約 10^{19}（1000兆的 1 萬倍）個氣體分子。這些氣體分子自由自在地四處飛竄，彼此互相碰撞或撞到牆壁再彈回來。即便無法察覺，但其實平常就有大量氣體分子在反覆碰撞我們的身體。

氣體分子撞擊牆壁的瞬間會對牆壁施力。單個氣體分子撞擊所產生的力非常微小，但若是大量氣體分子接連不斷地撞擊，加總起來的力量就會大到無法忽視。這就是氣體「壓力」的本質。而吸盤能貼在牆上，是由於空氣壓力持續推壓牆壁的緣故。

氣體分子的碰撞推壓吸盤貼在牆上

把吸盤往牆上按壓，吸盤和牆壁間的空氣就會被擠出去，使得來自內側的空氣壓力變小。如此一來，較大的周圍空氣壓力便會把吸盤壓向牆壁，使其牢牢地貼在牆上。微小氣體分子的運動產生了讓吸盤無法移動的力量。

大氣的壓力稱為「大氣壓力」，海拔 0 公尺時的壓力（1 大氣壓）相當於在 1 平方公尺面積上負載約 10 公噸（約 7 輛汽車）重量所承受的壓力。

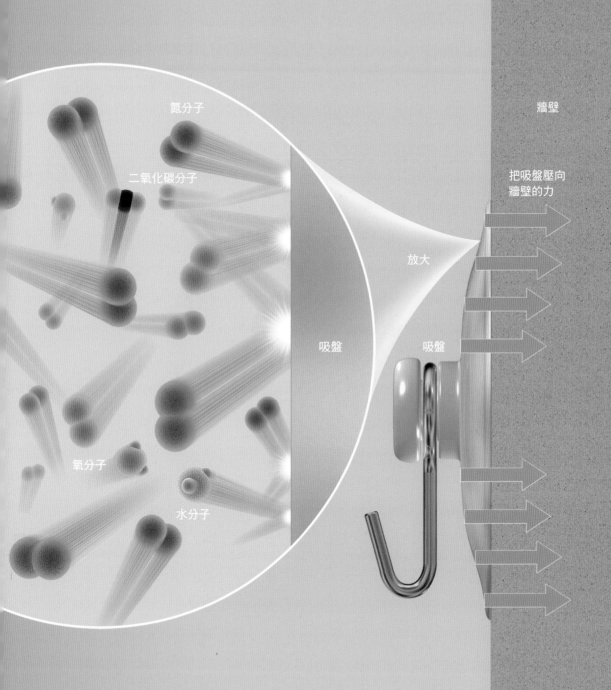

氮分子

二氧化碳分子

放大

牆壁

把吸盤壓向
牆壁的力

吸盤

吸盤

氧分子

水分子

氣體溫度來自
分子的運動

分子的運動停止時
溫度最低

在高溫氣體中，氣體分子飛得比較快；相反地，在低溫氣體中，氣體分子飛得比較慢。其實液體和固體亦同，原子及分子的運動（固體的情況就是指在原地的振動）劇烈程度會決定溫度的高低。

換句話說，可以說溫度就是「原子及分子的運動劇烈程度」。此外，物質的熱能是指組成該物質的原子及分子的動能總和。

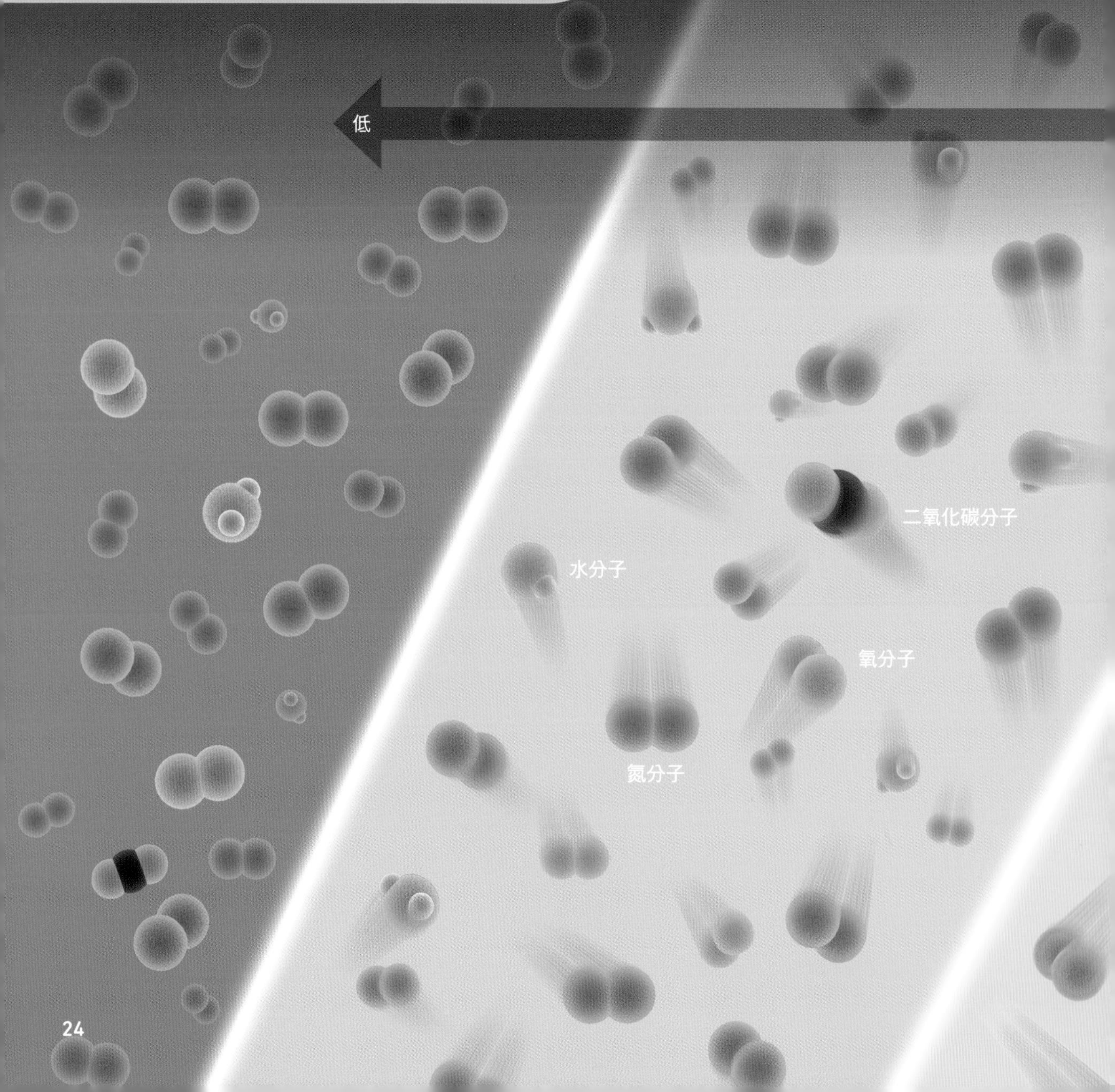

低

二氧化碳分子

水分子

氧分子

氮分子

如果溫度不斷下降，原子及分子的運動會漸漸趨緩。因此，如果逐步降低溫度，使原子及分子到達某個會完全停止運動的程度，理論上此時的溫度就是最低溫度。已知這個溫度是零下273.15℃，稱為「絕對零度」（absolute zero）。

從超低溫到超高溫

插圖所示為氣體分子的運動劇烈程度所造成的溫度變化。最左邊顯示了極低溫時的氣體分子狀態，越往右則溫度越高。嚴格來說，在相同溫度的氣體中也有各種速度（動能）的氣體分子存在。

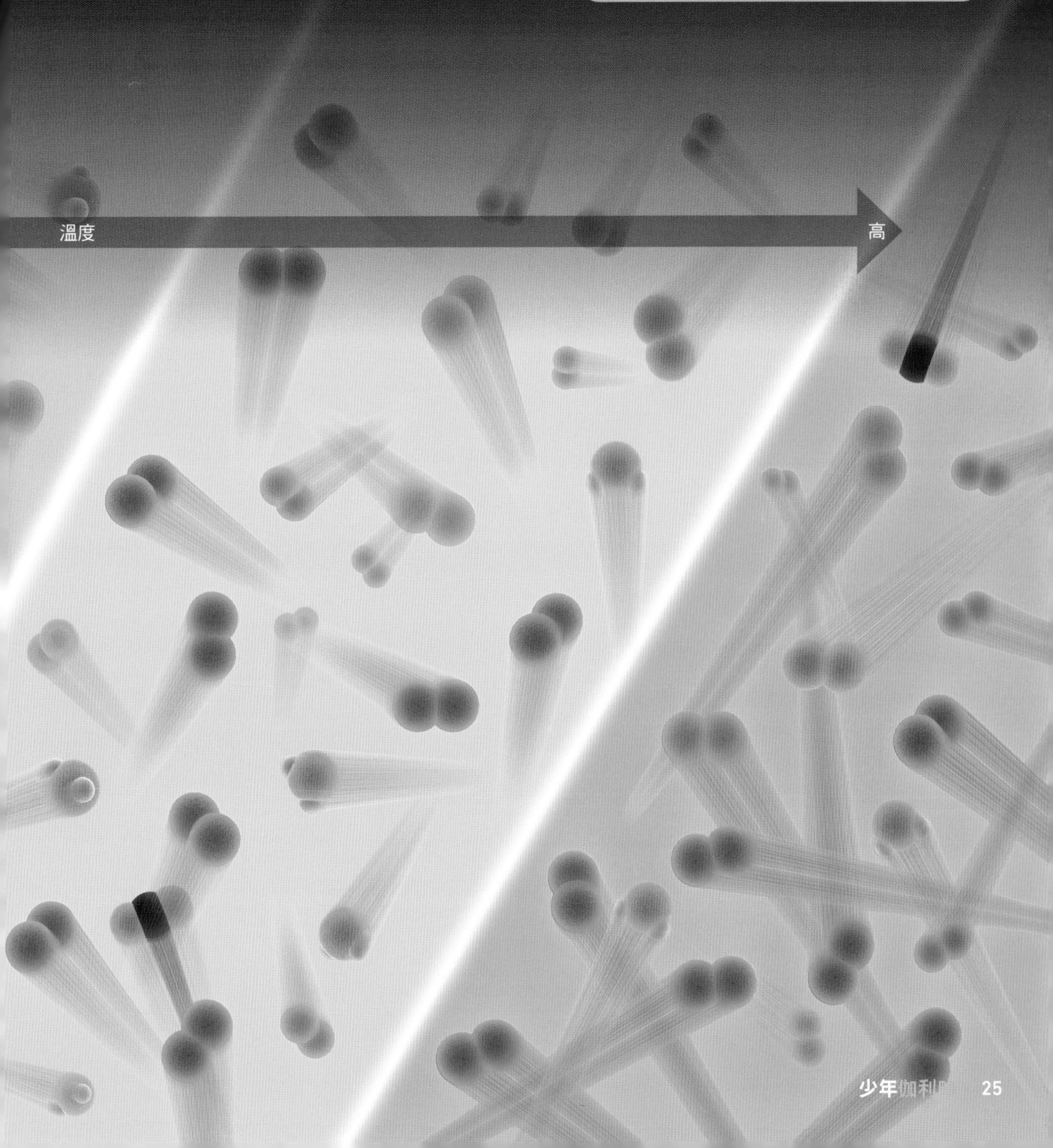

溫度　　　　　　　　　　　　　　　　　　　高

零食袋在飛機上膨脹的原因

氣體的壓力、體積與溫度之間有著密切的關係

你 有沒有在飛機艙內或高山上，發現洋芋片的包裝袋鼓脹起來的經驗呢？越往高空，空氣越稀薄，氣壓越低。雖然機艙內的氣壓經過調節，不過依舊只有地面上的0.7倍左右而已。在這樣的狀態下，袋內氣體往外推的力會大過外部氣體施於零食袋的壓力，於是袋子就膨脹起來了。

表示壓力等條件變化時，氣體將如何變化的公式稱為「理想氣體狀態方程式：$PV=nRT$」。理想氣體狀態方程式是表示氣體壓力（P）、體積（V）與溫度（T）的關係式（n為物質的量，R為氣體常數），在密閉空間中的氣體均會遵循此公式。若溫度（T）相同，則等式右邊為固定數值。當一個值改變，其他的值就會跟著改變以符合該公式。

零食袋在飛機上膨脹
以零食袋為例，假設飛機離地前的地面與機艙內的溫度（T）相同，則理想氣體狀態方程式右邊的值為固定。當飛機飛上天空使得機艙內的氣壓變小，零食袋就會膨脹。袋內的體積（V）之所以變大，是因為袋內的氣體壓力（P）變小以滿足理想氣體狀態方程式。

起飛前的零食袋

袋內壓力（P）：大
袋子體積（V）：小

在高空膨脹的零食袋

袋內壓力（P）：小
袋子體積（V）：大

理想氣體狀態方程式

表示氣體壓力、體積與溫度間關係的公式。

$$PV = nRT$$

P：壓力 [Pa]
V：體積 [m^3]
n：物質量 [mol]
R：氣體常數 [J/（K·mol）]
T：絕對溫度 [K]

「熱」
愛做「功」
熱能轉換成動能

英 國的工程師瓦特（James Watt，
1736～1819）於1769年研發的
蒸汽機，是把水加熱以產生高溫的水
蒸氣，再利用其熱能來轉動齒輪的機
器。齒輪的旋轉運動被運用在各式各
樣的機械上，例如把地下深處的物體
拉上來的滑輪、捲繞絲線的紡織機，
乃至於作為蒸氣火車頭以及蒸氣船的
動力等等。

　蒸氣機是利用水蒸氣的熱能轉動
車輪。就像這樣，當能量驅動某物
時，我們會稱這個能量做了「功」
（work）。以蒸氣機來說，做功會使
水蒸氣的熱能減少。氣體的熱能（內
能：internal energy）會因為對外部
做功而減少相應的量（熱力學第一定
律：first law of thermodynamics）。

蒸汽機使車輪旋轉的機制
蒸氣機藉著左右交替送入高溫水蒸氣使活
塞往復運動，利用其動作來轉動車輪。當
送入水蒸氣時，反向端的空氣會冷卻，於
是水蒸氣化為水，壓力立刻降低。如此一
來，活塞就能以更有效率的方式運動。

熱力學第一定律

氣體的熱能（內能）變化取決於賦予氣體的
熱量與氣體做的功。當氣體對外部做功，能
量就會減少相應的量。

$$\Delta U = Q - W$$

ΔU：熱能的變化 [J]（內能的變化）
Q：賦予氣體的熱量 [J]
W：氣體做的功 [J]

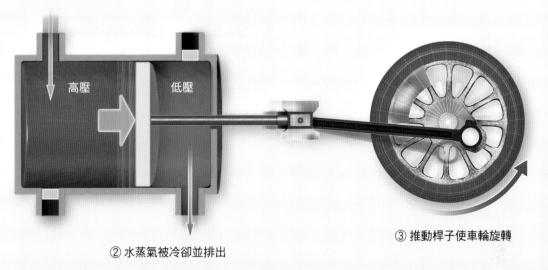

① 送入高溫水蒸氣

高壓　低壓

③ 推動桿子使車輪旋轉

② 水蒸氣被冷卻並排出

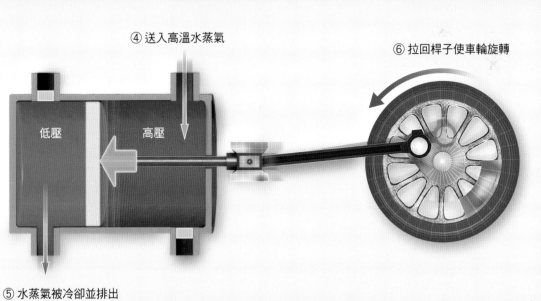

④ 送入高溫水蒸氣

⑥ 拉回桿子使車輪旋轉

低壓　高壓

⑤ 水蒸氣被冷卻並排出

有可能打造無需燃料的永動機嗎？

追求「夢幻裝置」而發現的物理學重要定律

透過水車旋轉的力來汲水，再把水用於轉動水車，如此一來就可以讓水車永遠轉動下去而不必仰賴河川了？」像這樣無需從外界施力、不用補給燃料就能獨自持續運動的裝置，稱為「永動機」。16世紀後，以歐洲為中心出現了多種永動機的設計，然而這些發想都以失敗告終。究其原因，是因為永動機在本質上與自然界的定律矛盾。

永動機不會運轉的原因

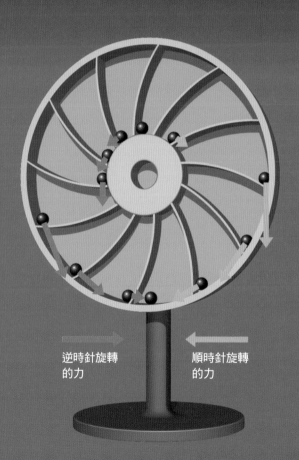

逆時針旋轉的力　　順時針旋轉的力

內部的球所產生的順時針旋轉力與逆時針旋轉力一致，整體達到平衡。

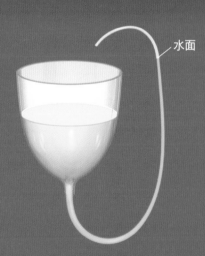

水面

毛細現象是指水的表面張力造成水附著於管壁且水面上升的現象。當水離開管壁後，就不會繼續從管子流出。

以圓盤旋轉的永動機為例，如果一開始施加於圓盤使其旋轉的力消失，則圓盤最終會停止轉動。圓盤旋轉時發生的摩擦等，會使對圓盤做的功轉換為熱。能量並不會憑空消失。

從能量的觀點來看，永動機做功就是將裝置具有的能量向外輸出。也就是說，永動機是指獨自產生能量並持續對外供給該能量的裝置。這明顯違反了能量不會增減的能量守恆定律。

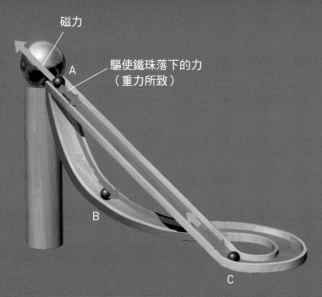

磁力

A

驅使鐵珠落下的力
（重力所致）

B

C

距離越短則磁力越強，因此當鐵球越靠近磁鐵越會被強力吸引。當磁鐵的磁力夠強時，鐵球會靠近磁鐵而不會掉進洞裡（A）；即使掉進洞裡也會停在斜坡中間，處在磁力與落下的力兩相平衡的位置（B）；當磁鐵的磁力較弱時，鐵球根本無法爬上軌道（C）。

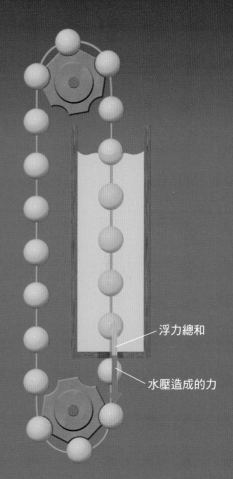

浮力總和

水壓造成的力

從水槽底部放入浮標時，需要比底部水壓更強大的力（假設不考慮底部的漏水）。對水槽中浮標施加的浮力（逆時針旋轉的力）無法超過水壓。

咖啡與牛奶的混合情形

表示粒子分散程度的「熵」

波茲曼

$$S = k \log W$$

表示熵的
波茲曼熵公式

「**沒**」有攪開牛奶的咖啡」與「攪開牛奶的咖啡」有什麼差別呢？兩者構成咖啡與牛奶的分子及原子數量並無差異，只有牛奶粒子的「分散程度」不同。在「沒有攪開牛奶的咖啡」中，牛奶粒子聚集在咖啡的某一處（左頁下圖）。另一方面，在「攪開牛奶的咖啡」中，牛奶的粒子分散在整杯咖啡之中（右頁下圖）。

19世紀的物理學家波茲曼（Ludwig

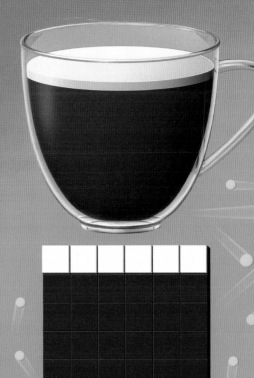

配置組合只有 1 種
→熵值「低」

1. 「攪開前」牛奶的分布

若以「攪開前的牛奶」來對應「6個白色方塊全部集中於6×6方格盤中最上方的狀態」，則符合該狀態的白色方塊配置組合只有1種。假設W為1，則熵S為0，可知此時的熵值為最小。亦即「攪開前」的牛奶熵值很低。

Boltzmann，1844～1906）在思考如何將「粒子分散程度」替換為數值時，主張以「熵」（entropy）來表示。

　　根據波茲曼的定義，粒子的分布狀態井然有序則「熵值較低」，四散混亂時則「熵值較高」。以咖啡與牛奶為例，沒有攪開的狀態熵值較低，攪開之後熵值會變高。

配置組合有720種→熵值「高」

2.「攪開後」牛奶的分布

　　若以「攪開後的牛奶」來對應「6個白色方塊四散於6×6方格盤中的狀態」，則白色方塊在各個橫、直列上不重複的「四散狀態」其配置組合會有720種。若W為720，則熵S約為2.9×k，比「攪開前」的熵值還要高。

Coffee Break

史上最高的溫度
出現於宇宙之始

來一步步回顧宇宙的歷史吧。據信宇宙誕生不久後的體積比現在小得多，而且是超高溫的灼熱狀態，也就是所謂的「大霹靂理論」（Big Bang theory）。據說宇宙在誕生後10^{-27}秒左右的直徑約為1000公里，而溫度為10^{23}K※左右，遠高於目前太陽的內部溫度（約10^7K）。

若再進一步追溯，就來到了大霹靂的初始階段。此時的溫度極高，推測約為1.4×10^{32}K。

事實上，這個溫度被稱為「普朗克溫度」（Planck temperature）。普朗克溫度是人類目前所知物理定律可以適用的溫度上限，高於此溫度則不再適用。

※「絕對溫度」（absolute temperature）是以絕對零度為0來計算的溫度，單位為K（克耳文）。

此為大霹靂灼熱狀態的示意圖。

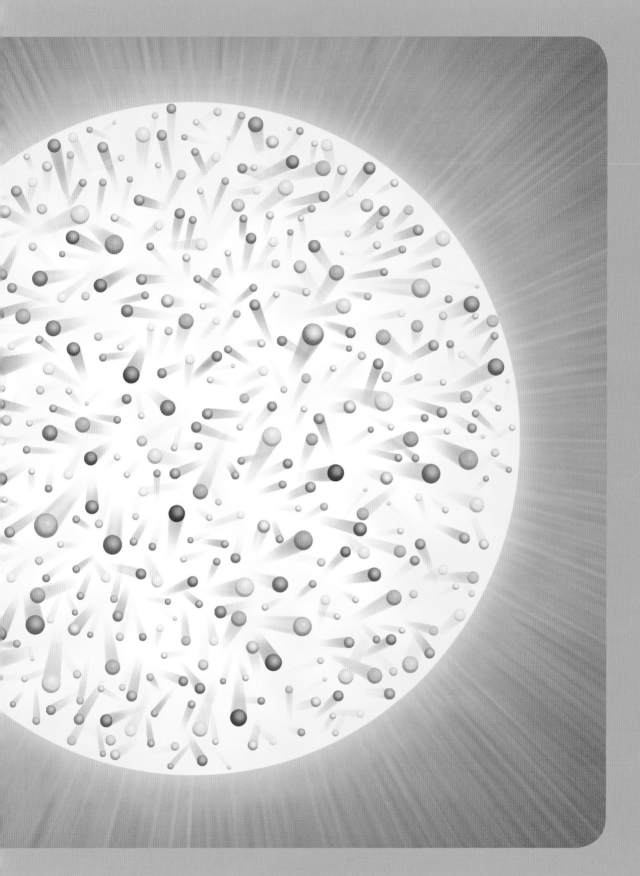

光是「橫波」，聲音是「縱波」

振動方向不同的兩種波

隊伍尾端的人
左右搖晃

前面的人依時間差
左右搖擺

波 是向周圍傳送某種「振動」的現象。生活中常見的波有聲音和光。以聲音為例，喇叭產生的空氣振動會促使周圍空氣接連地跟著振動，在空間傳播開來。聲音在空氣中的傳播速率是每秒大約340公尺，而且聲音其實就是一種空氣振動的傳遞，而非空氣本身以秒速340公尺的速率在移動。

光則是空間本身具有的「電場」（electric field）和「磁場」（magnetic field）的振動（電場和磁場的強弱及方向變化）所傳播的波（電場及磁場的相關說明請參照第52頁起）。光在空氣中的行進速率是每秒大約30萬公里，非常快速。

波可以大致分成兩種：「橫波」（transverse wave）和「縱波」（longitudinal wave）。振動方向與行進方向垂直的波為「橫波」，振動方向與行進方向平行的波為「縱波」。光是橫波，而聲音是縱波。

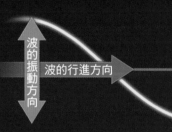

波的振動方向

波的行進方向

橫波與縱波的差異

插圖透過把手搭在前面的人肩上排成一列的隊伍，來表現橫波與縱波的差異。在隊伍尾端的人（波的發生點）往左右搖晃會產生橫波、往前後搖晃則會產生縱波，並朝前方傳遞。

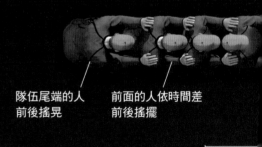

隊伍尾端的人
前後搖晃

前面的人依時間差
前後搖擺

波的行進方向

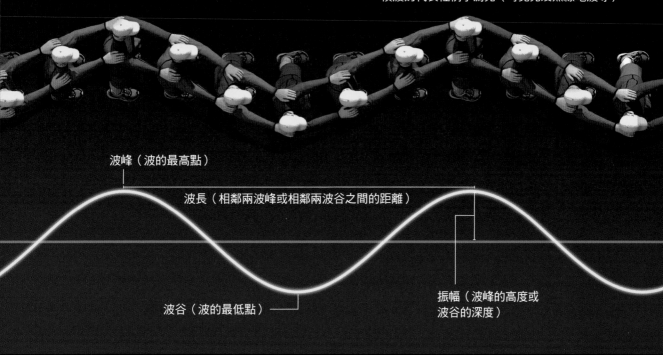

與前進方向垂直搖晃的「橫波」
橫波的代表性例子為光（可見光及無線電波等）。

波峰（波的最高點）

波長（相鄰兩波峰或相鄰兩波谷之間的距離）

波谷（波的最低點）

振幅（波峰的高度或
波谷的深度）

與前進方向平行搖晃的「縱波」
橫波的代表性例子為聲音。由於縱波在傳遞過程中
會因為傳導物質（介質，以聲音來說就是空氣）的
密度而發生變化，因此也稱為「疏密波」。

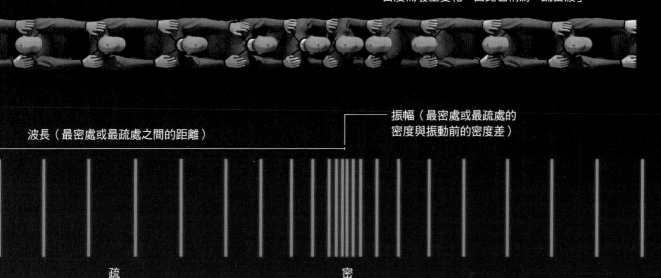

振幅（最密處或最疏處的
密度與振動前的密度差）

波長（最密處或最疏處之間的距離）

疏

密

充分理解波的性質

救護車經過前後鳴笛聲的變化

由聲音頻率差異產生的「都卜勒效應」

聲音的高低取決於聲波的「頻率」。頻率是指波在 1 秒內的振動次數，頻率越大（空氣快速振動）聲音聽起來就越高。

就如下圖所示，當救護車一邊鳴笛一邊前進，在救護車前方聲音的波長會被壓縮（變短）。聲音的波長變短，代表聲波一個接一個地很快傳來，所以頻率變大。當音源接近時，頻率會變得比原本的聲音大，所以會

音源移動的話波長會改變

插圖所示為救護車發出的鳴笛聲（聲波）擴散模式。聲波會如何變化並抵達在行進中救護車前方及後方的人（聲音的觀測者），則分別標示在觀測者的上方。

靠近中的聲音聽起來比較高
如下圖所示，聲音的波長變短（音調變高）後，抵達在救護車前方的觀測者。

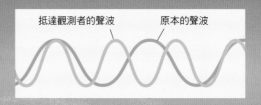

抵達觀測者的聲波　　　原本的聲波

觀測者

波長變短後
抵達

救護車

0.5秒前　　　　0.4秒前　　　　0.3秒前　　　　0.2秒前　　　　0.1秒前
發出的聲音　　　發出的聲音　　　發出的聲音　　　發出的聲音　　　發出的聲音　　　剛發出的聲音

聽到比較高的聲音，這種現象稱為「都卜勒效應」（Doppler effect）。那麼，當救護車遠離時，就會發生相反的現象。

　　光也會發生都卜勒效應。從靠近（或遠離）地球的星系所發出的光，會因為都卜勒效應而使波長變得比原本短（遠離則是變長）。在天文學中，即是利用光的都卜勒效應來測量星系的移動速度。

遠離中的聲音聽起來比較低
如下圖所示，聲音的波長變長（音調變低）後，抵達在救護車後方的觀測者。

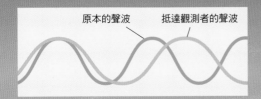

原本的聲波　　抵達觀測者的聲波

靜止時的聲波
如右圖所示，當救護車靜止時，無論處在救護車周圍的何處，都會聽到相同波長（頻率）的聲音。

波長不變而抵達

觀測者

波長變長後抵達

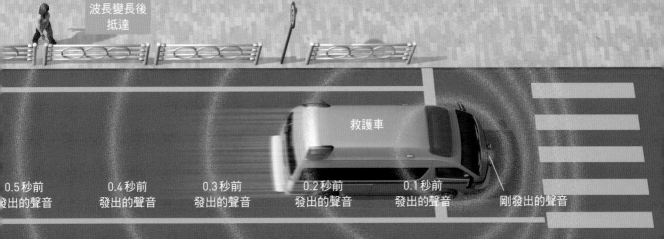

0.5秒前	0.4秒前	0.3秒前	0.2秒前	0.1秒前	
發出的聲音	發出的聲音	發出的聲音	發出的聲音	發出的聲音	剛發出的聲音

救護車

光在玻璃中的行進速度變慢

光經過折射被分散，
分成七種顏色

我們可以憑藉顏色上的差異來認知波長不同的光。波長較長的光為紅色，波長較短的光為紫色或藍色。此外，光（可見光）與無線電波、紅外線、紫外線、X射線等都是「電磁波」（electromagnetic wave），只是波長不同而已（右下圖）。

太陽光（白光）是由各種波長（顏色）的光混合而成，使用玻璃製三稜鏡可以把太陽光分解成七種顏色。

光進入玻璃時，速度會減慢至秒速20萬公里，是在空氣中行進時的65%左右。並且，光在玻璃中的行進速度會依波長不同而有些微的差異，波長越短則越慢。因此，光進入玻璃時的「折射」（refraction）角度會因為波長（顏色）而不同。原本白色的太陽光會分成如彩虹一般的七彩顏色。

將光分為七色的稜鏡

當光進入會造成行進速度不同的物質時，會發生讓行進路線歪曲的「折射」（右圖）。折射的角度取決於光在物質中的速度差，相差越大則歪曲越大。

如右圖所示，光在玻璃中行進的速度（即折射角度）會根據其波長（顏色）而有所不同。因此，進入稜鏡的太陽光會根據波長（顏色）而分色。為了讓速度及折射角差別看起來更明顯，右頁插圖做了誇大呈現。

電磁波的波長

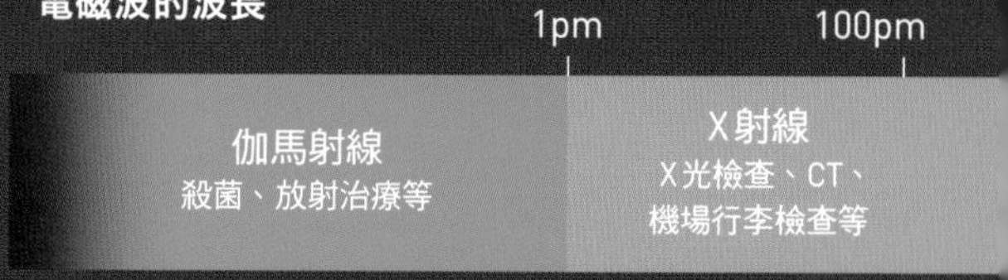

	1pm	100pm
伽馬射線 殺菌、放射治療等	X射線 X光檢查、CT、 機場行李檢查等	

光的速度　　空氣中的光速（秒速約30萬公里）

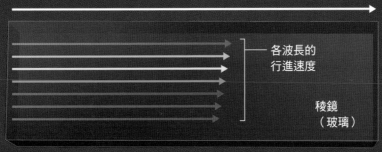

各波長的
行進速度

稜鏡
（玻璃）

從上方看的示意圖

通過稜鏡的光

太陽光
（白色光）

不同的波長會產生不同的
折射角度，因此各波長的
行進路徑會錯開，形成分
色的現象

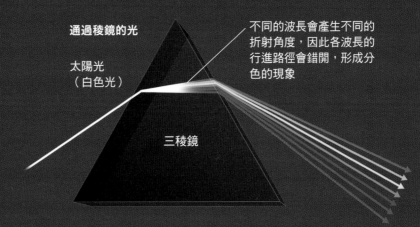

三稜鏡

光在水中行進速度也會變慢，當行進速度改變就會發生「折射」

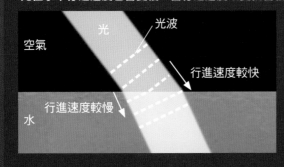

空氣

光　　光波

行進速度較快

行進速度較慢

水

如圖所示，先來思考光從空氣中進
入水中的情況。先進到水中的部分
行進速度變慢而「趨緩」，造成光
的左右兩側產生速度差，令行進路
線彎曲。

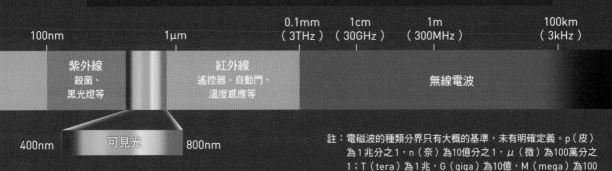

| 100nm | | 1μm | | 0.1mm（3THz） | 1cm（30GHz） | 1m（300MHz） | 100km（3kHz） |

紫外線
殺菌、
黑光燈等

紅外線
遙控器、自動門、
溫度感應等

無線電波

400nm　　可見光　　800nm

註：電磁波的種類分界只有大概的基準，未有明確定義。p（皮）
為1兆分之1，n（奈）為10億分之1，μ（微）為100萬分之
1；T（tera）為1兆，G（giga）為10億，M（mega）為100
萬，k（kilo）為1000。

如果沒有波的反射就看不見物體

平滑的鏡子能映照出人的樣貌，
有凹凸起伏的物體會呈現固有色

鏡子是在玻璃板背面鍍上金屬的物體。其背面的金屬平滑無比，能夠平整地反射光，因此鏡子得以成像。鏡子可以映照出紅色物體的紅、藍色物體的藍，代表鏡子能夠反射任何顏色的光。

想像一下站在鏡子前看著自己的臉（1）。來自光源的光反射出臉的各部位，然後同一道光再經過鏡子反射而進入眼睛，最終使我們看到從自己臉

1. 照鏡子時，我們看見的是從自己臉上發出的光

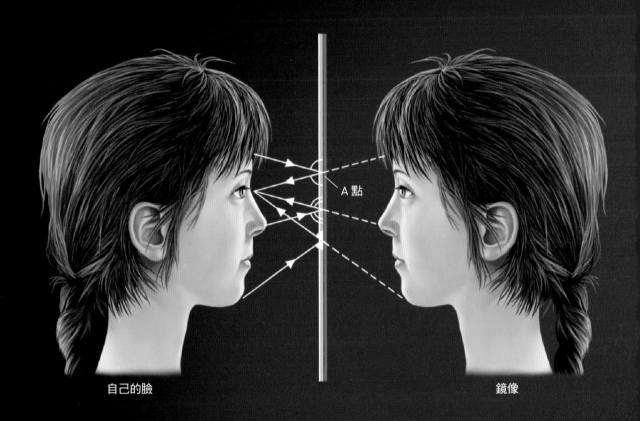

A點

自己的臉

鏡像

註：插圖省略了在鏡子玻璃表面上的反射與折射。

上反射出去的光。因為人類的視覺有「光應會直線前進」的認知，所以在 1 的例子中，我們得以認知到從額頭發出再進入眼睛的光，是從眼睛與鏡上Ａ點相連之延長線上來的。光無論從臉的何處發出皆為同樣道理，因此最終在鏡中看到的臉會在與鏡面對稱的位置。

不同於鏡子，周遭其他物體的表面放大來看幾乎都凹凸不平。當光照射到凹凸部分時，就會被反射到四面八方（漫反射：diffuse reflection。2、3）。因此，這些物體表面不僅映照不出臉，即使從不同位置觀看仍只能看到該物體。

2. 白紙發散所有顏色的光

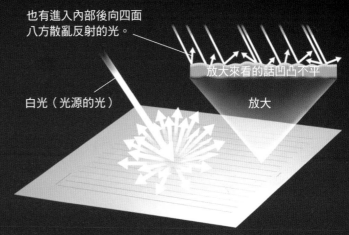

也有進入內部後向四面八方散亂反射的光。

放大來看的話凹凸不平

白光（光源的光）

放大

所有顏色的光都被漫反射。

反射定律
入射角等於反射角。

入射角　反射角

鏡子

3. 紅色物體漫反射紅光

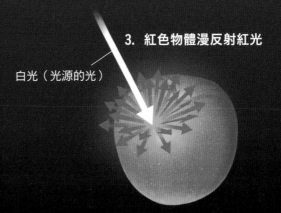

白光（光源的光）

鏡子反射所有顏色的光。

紅光被漫反射，其他顏色的光則被吸收。

泡泡看起來
多彩繽紛的原因

光的干涉
讓泡泡表面有顏色

為何在空中漂浮的泡泡會顯現如彩虹一般燦爛的顏色呢？

當光照射在肥皂泡上時，有一部分的光會在肥皂泡膜表面產生反射，有一部分則會進入膜內。進到膜內的光又有一部分在膜的底面反射，再從膜的表面穿透出來。也就是說，「泡膜表面反射的光」與「泡膜底面反射的光」在泡膜表面匯合之後，才進到我們的眼睛。

在泡膜底面反射的光，其行進距離比在泡膜表面反射的光稍長。這會使匯合的兩道光「波峰和波谷的位置」（相位）偏離，造成兩波峰疊加的波增強、波峰和波谷疊加的波減弱，這種現象稱為「干涉」（interference，右圖）。

如照片所示，原本無色透明的泡泡看起來彷彿有了顏色，正是因為泡膜表面發生了光的干涉所致（右上圖）。

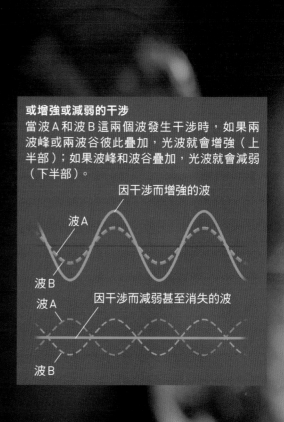

或增強或減弱的干涉
當波A和波B這兩個波發生干涉時，如果兩波峰或兩波谷彼此疊加，光波就會增強（上半部）；如果波峰和波谷疊加，光波就會減弱（下半部）。

因干涉而增強的波

波A
波B

因干涉而減弱甚至消失的波
波A
波B

光在泡膜上發生干涉

在肥皂泡膜表面，兩行進路徑不同的光發生干涉，會使特定波長（顏色）的光增強或減弱，再抵達觀測者的眼睛。

膜

在泡膜表面
反射的光

觀測者

在泡膜底面
反射的光

聲音的傳遞來自聲波繞射的性質

聲音會繞射，
而光不會

雖然無法直接看到牆壁另一邊的人，但是能夠聽見對面傳來的聲音……就如下圖所示，會發生這類現象的原因在於聲音是一種波。

波具有遇到障礙物會繞過去的性質，稱為「繞射」（diffraction）。基本上而言，波長越長就越容易發生繞射的現象。人的聲音波長為 1 公尺左右，屬於比較長的波，所以容易繞過牆壁及建築物。

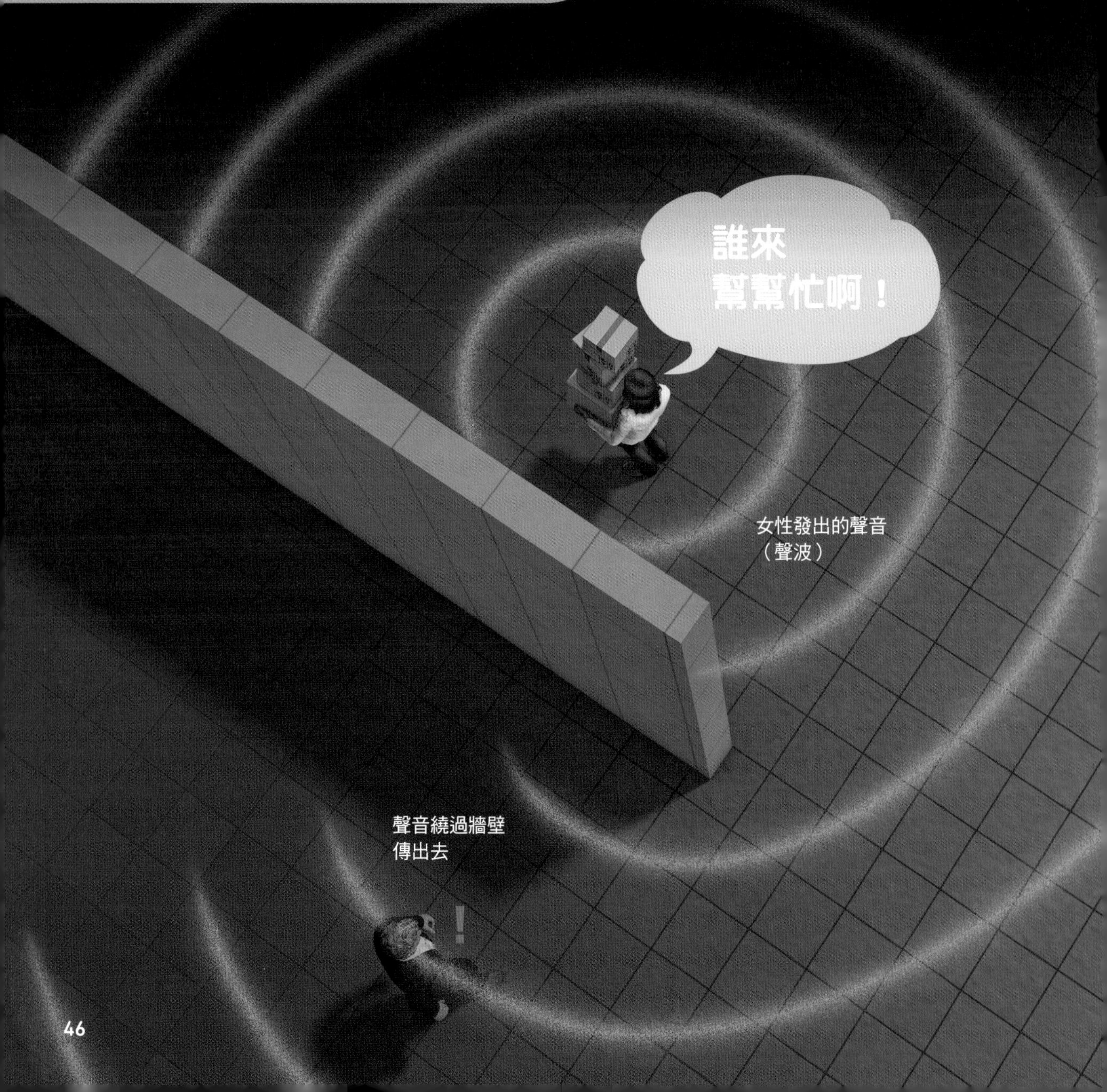

誰來
幫幫忙啊！

女性發出的聲音
（聲波）

聲音繞過牆壁
傳出去

可見光由於波長較短，在日常生活中幾乎不會發生繞射。可見光的波長為400～800奈米（0.0004～0.0008毫米）左右，與聲波及無線電波相比算是非常短。

　　光難以繞射而傾向直線前進的性質，從陰影的形成也能略知一二。如果光容易繞射的話，那麼連建築物的背面也會有太陽光繞進去，也就不太會形成陰影了。

繞射的難易度會依波長、間隙而改變

插圖所示為波長長度與間隙大小會對繞射的難易度造成什麼影響。

　　在①的情形中，通過間隙的波基本上為直線前進，且通過後的波不太會發生大幅度繞射。而相同波長若是在②的情形中，就會出現大幅度繞射，在牆壁背面也有波在環繞。若是在③的情形中，繞射又會再度變得困難。

① 波長較長，間隙也大

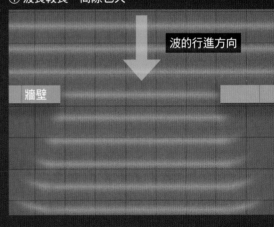

波的行進方向

牆壁

② 波長與間隙差不多大

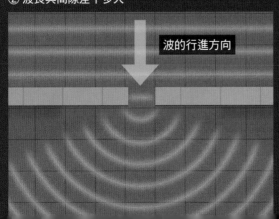

波的行進方向

③ 間隙較小，波長也短

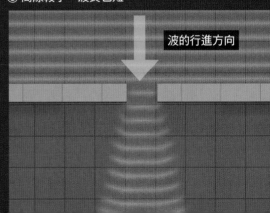

波的行進方向

地震波的本質為何？

最先到達的P波、隨後抵達的S波、最後到達的表面波

當地層因為斷層而錯動時，產生的衝擊會以地震波的形式傳播出去，造成地面搖晃，也就是所謂的地震。

在地底傳播的地震波有「P波」、「S波」。P波的速度較快（在地殼的秒速為約6.5公里），會最先抵達地面並且引發初期微震。P波代表「最初的波」（primary wave），是一種縱波（疏密波），會使地面沿著波的

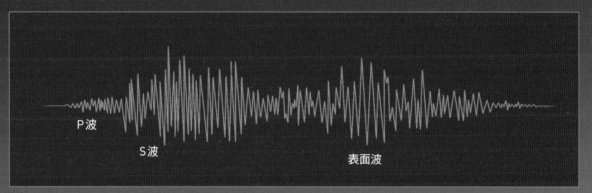

P波

S波

表面波

地震儀所記錄的地震波
首先是傳遞速度快的P波抵達地表，引起些微搖動（初期微震）。之後S波抵達，引起大幅搖動（主震）。如果搖動週期較長，後續出現的表面波也會造成大幅搖動。

表面波
地震波到達地表後，沿著地表前進的波。在搖動數秒至數十秒這樣長週期的狀況中，搖動程度通常會比S波更大，且更容易使高樓搖晃。而在像日本東京這樣堆積層厚的地方，表面波容易增幅且P波與S波難以減弱，因此搖晃會持續得比較久。

在柔軟地層時搖晃會增幅
當地震波從堅硬地層進入柔軟地層時，振幅會增大，造成地面上的受災程度變大。

行進方向搖晃。在地震波較多的情況中，P波會從接近地面的下方垂直傳上來，進而引發微弱的縱向搖晃。

「S波」比P波晚到達，意指「第二波」（secondary wave），速度比P波慢，秒速約為3.5公里。S波為橫波，大多數狀況下會在地面產生劇烈的橫向搖晃。所以造成震災的主要是S波。

另外還有名為「表面波」（surface wave）的地震波，是指往地底傳播的地震波到達地面後，沿著地表前進的波。表面波在S波之後出現。

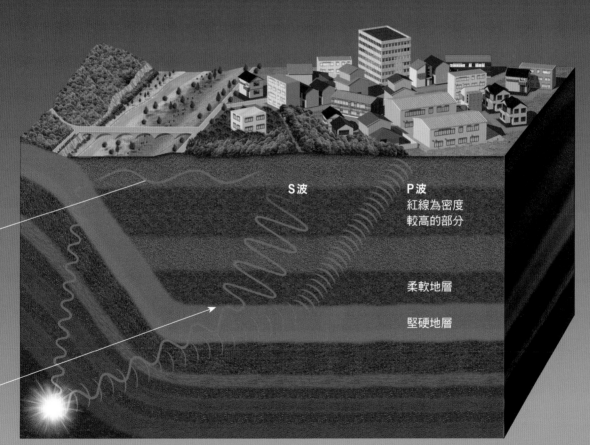

S波　　　　P波
　　　　　　紅線為密度
　　　　　　較高的部分

柔軟地層

堅硬地層

註：P波與S波在堅硬地層與柔軟地層的分界上發生歪曲，即所謂的「折射」現象。

Coffee Break

容易因地震搖晃的建築

一般來說，物體具有與其大小相應的容易搖晃的週期和頻率，稱為「固有週期」（natural period）和「固有頻率」（natural frequency）。舉例來說，有一條往水平方向拉伸的橫繩垂吊著多個長度各異的單擺，若擺動其中一個單擺（左頁圖），只

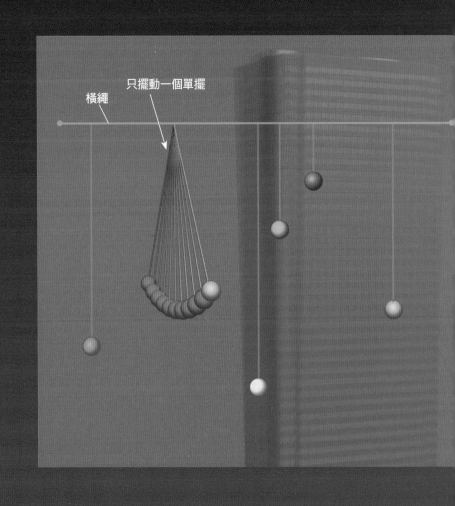

橫繩

只擺動一個單擺

有長度相同的單擺會跟著開始擺動（右頁圖）。當透過繩索傳來的力週期與此單擺的固有週期一致，就會使搖動增幅，該現象稱為「共振」（resonance，又稱共鳴）。

相隔一段距離放置兩支音叉，當敲響其中一支，另一支音叉也會跟著發出聲音，這也是一種共振。此外，地震時，地震波與建築物的共振會使災害擴大。建築物的固有週期幾乎取決於其高度，越高的建築物越容易和週期緩慢的地震波共振，進而發生劇烈搖晃。

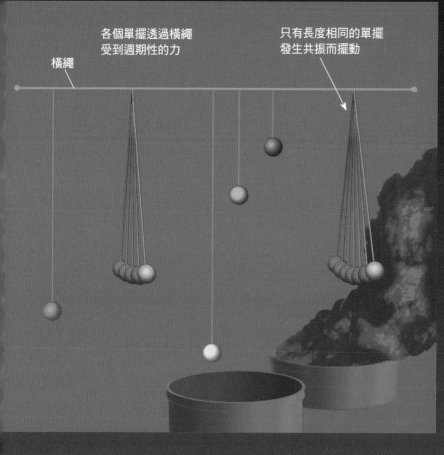

各個單擺透過橫繩受到週期性的力

橫繩

只有長度相同的單擺發生共振而擺動

單擺與固有週期

橫繩上吊著許多長度各異的單擺，若先擺動其中一個，只有長度相同的單擺會跟著開始擺動。這是因為只有固有週期與橫繩傳來的力週期一致的單擺才會發生共振並擺動。地震時亦同，和地震波發生共振的建築物會劇烈搖晃。插圖背景是受到地震波影響而搖晃的高樓及石油槽（內部的液體石油在搖晃）示意圖。

相似的
電與磁

即使相隔兩地
仍會發生作用的電與磁

如果拿塑膠墊板在頭髮上摩擦幾下後舉起來，頭髮就會豎立起來。此時的墊板上有負電聚集，頭髮上有正電聚集。頭髮之所以會豎立，是因為兩者的正電與負電互相吸引的緣故。

引起這種電現象的特性稱為「電荷」（electric charge）。正電荷與負電荷會互相吸引；同為正電荷或同為負電荷會互相排斥。這種因電荷而生的力稱為「靜電力」（electrostatic force），其大小與「電量（電荷的大小）」成正比。

磁鐵上有「N極」、「S極」這兩種「磁極」。N極和S極會互相吸引；同為N極或同為S極會互相排斥。這種由磁鐵產生的力稱為「磁力」（magnetic force），其大小與「磁荷」成正比。

如何表現看不見的電場與磁場

電場的方向及強弱可以用「電力線」這個帶有箭頭的線段來表示。箭頭用於表示從正電荷出、負電荷入的方向，同時也是電場的方向。此外，電力線越密表示該處的電場越強。

磁場也能畫出類似電力線的線段來表示，稱為「磁力線」。箭頭（磁場的方向）代表從N極出、S極入的方向。

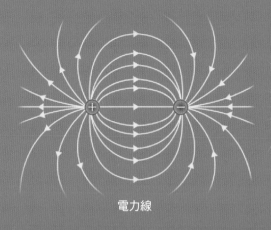

電力線

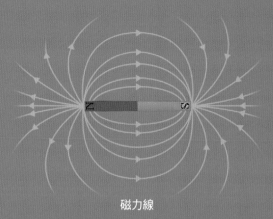

磁力線

電荷產生的電場示意圖

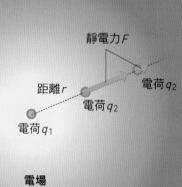

靜電力 F

距離 r

電荷 q₂

電荷 q₂

電荷 q₁

電場

註：僅繪出電荷 q₁ 產生的電場。

磁極產生的磁場示意圖

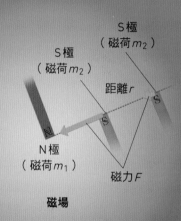

S極
（磁荷 m₂）

S極
（磁荷 m₂）

距離 r

N極
（磁荷 m₁）

磁力 F

磁場

註：僅繪出N極（m₁）產生的磁場。

庫侖靜電力定律

靜電力的大小與電荷的大小成正比變強，與距離的平方成反比變弱，稱為「庫侖靜電力定律」。

$$F = k_0 \frac{q_1 q_2}{r^2}$$

F：靜電力 [N]
$q_1 \cdot q_2$：電荷 [C]
k_0：在真空中的比例常數
（9.0×10^9 [N·m²/C²]）
r：距離 [m]

庫侖磁力定律

與靜電力相同，磁力的大小同樣會與磁荷（N極為正，S極為負）的大小成正比變強，與距離的平方成反比變弱，稱為「庫侖磁力定律」。

$$F = k_m \frac{m_1 m_2}{r^2}$$

F：靜電力 [N]
$m_1 \cdot m_2$：電荷 [Wb]
k_m：在真空中的比例常數
（6.33×10^4 [N·m²/Wb²]）
r：距離 [m]

智慧型手機發熱的原因

電流由於導線的電阻而產生熱

歐姆定律

以燈泡為例，安裝 2 個串聯的電池時流通的電流會比只安裝 1 個電池時還要大，燈泡也會更亮。

電池具有使電流流動的作用，其大小稱為「電壓」（voltage）。已知流動的電流大小 I（A）與電壓大小 V（V）成正比，與電阻 R（Ω）成反比。該關係稱為「歐姆定律」（Ohm's law），可用下方公式來表示。

$$I = \frac{V}{R} \quad \text{或} \quad V = RI$$

在人類的現代生活中，電已是不可或缺。平常用得理所當然的電視和手機如果沒有電，就只是一塊普通的板子。這裡所說的電，講得精確一點是指在電線等導體裡面流動的「電流」（electric current）。

電流的本質就是「電子的流動」。「電子」（electron）是指帶負電的粒子，在金屬這類電容易通過的物質（導體）之中，就有許多能夠自由運動的電子。這些電子就稱為「自由電子」（free electron）。如果將導線接上電池，自由電子就會一齊從電池的負極移往正極，此即電流的本質。

使用智慧型手機時，有時候機身會發熱。這是當電流通過內部導線時，遇到構成電路的零件或導線等具有的「電阻」（electric resistance），因而導致手機發熱的原因之一。

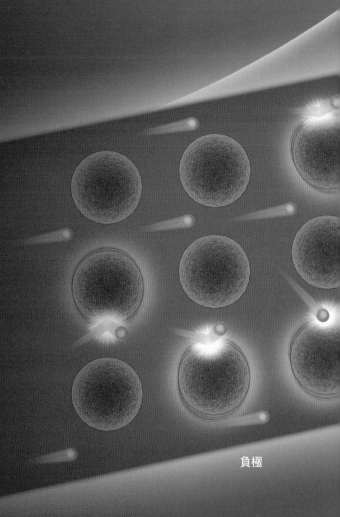

負極

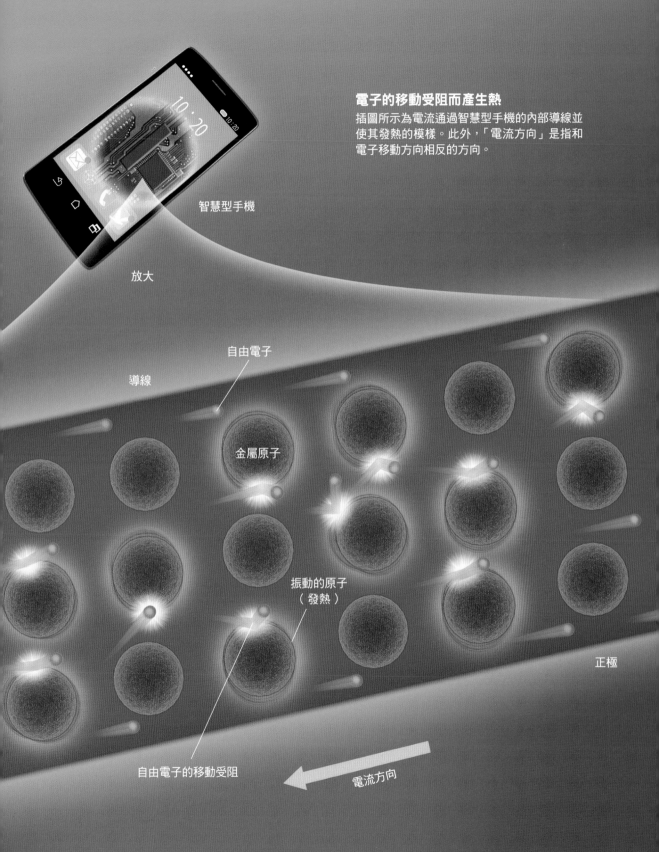

電子的移動受阻而產生熱
插圖所示為電流通過智慧型手機的內部導線並使其發熱的模樣。此外，「電流方向」是指和電子移動方向相反的方向。

智慧型手機

放大

自由電子

導線

金屬原子

振動的原子
（發熱）

正極

自由電子的移動受阻

電流方向

電流會
產生磁力

將電流繞成圈
能做出「磁鐵原料」

能 把紙固定在黑板或冰箱等處的普通磁鐵稱為「永久磁鐵」（permanent magnet）。另一方面，在廢料工廠等處所使用的則是「電磁鐵」（electromagnet）。

電磁鐵是把導線繞在鐵芯上捲成線圈製成的裝置，導線通電後便會產生磁力（變成磁鐵）。電磁鐵有很多優點，例如產生強大磁力的過程比較簡單、斷電便能消除磁力等等。那麼，電磁鐵產生磁力的原理為何？

事實上，電流與磁力（磁場）之間具有密切的關係。導線通電後，就會產生圍繞著導線的磁場（1），電磁鐵便是善用這個磁場的產物。試想看看將導線繞成圈再通電的情況。因電流而生的磁場形狀如 2 所示。如果再將導線重複繞在鐵芯上，磁場就會強化（3）。磁鐵是由環狀的電流所產生。

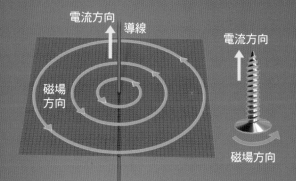

1. 在直線電流周圍產生的磁場

電流通過筆直的導線時，會產生彷彿包裹導線的磁場。磁場強度距離導線越遠則越弱，當遠至 2 倍時就會弱化到剩 2 分之 1。此外，磁場方向以右旋螺絲（一般螺絲）的螺旋方向來比擬會比較好記。

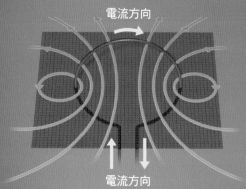

2. 在環狀電流周圍產生的磁場

若將導線繞成圈狀並通電，磁場的形狀如上圖所示。

3. 電磁鐵產生的磁場

磁場強度會與電流強度以及
導線的圈數成正比。

導線

磁場方向

電流方向

N極

S極

線圈

鐵芯

電流方向

磁場
方向

電流方向

線圈產生的磁場方向

通過線圈中心的磁場方向可用下述方法輕易
得知。將右手的大拇指立起，並將其他手指
的指尖朝電流流經導線的方向握起，則此時
大拇指的方向為磁場方向。

移動磁鐵時電會流動

旋轉磁鐵來發電

只要使磁鐵靠近、遠離線圈，就可以讓線圈產生電流（右頁圖），這個現象稱為「電磁感應」（electromagnetic induction）。

當磁鐵靠近或遠離線圈時，線圈中的電流流向在這兩種狀況下相反。此外，移動磁鐵的速度（更正確地說，是貫穿線圈內側的磁場在 1 秒內的變化）越快，所產生的電流越大。再者，線圈的圈數越多則電流越大。

發電廠便是利用此原理產生電流。必須藉由某種方法，使位於線圈旁的磁鐵移動（旋轉）才能發電。以火力發電廠為例，首先燃燒石油或天然氣把水煮沸，製造高壓水蒸氣，然後把水蒸氣送進渦輪機（turbine）使其轉動。渦輪機的機軸前端裝有磁鐵，便是藉此令磁鐵移動。

磁場變化產生電流

把磁鐵向線圈靠近或拉遠，就會有電流通過線圈（右圖），該現象稱為電磁感應。運用電磁感應，就能夠進行發電（下圖）。

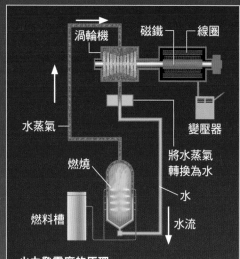

火力發電廠的原理
火力發電廠利用燃燒石油等燃料產生的熱使水蒸發，並用水蒸氣推動渦輪機。之後，透過渦輪機旋轉來使巨大的磁鐵旋轉。線圈放置在磁鐵的周遭，電流會流經線圈。

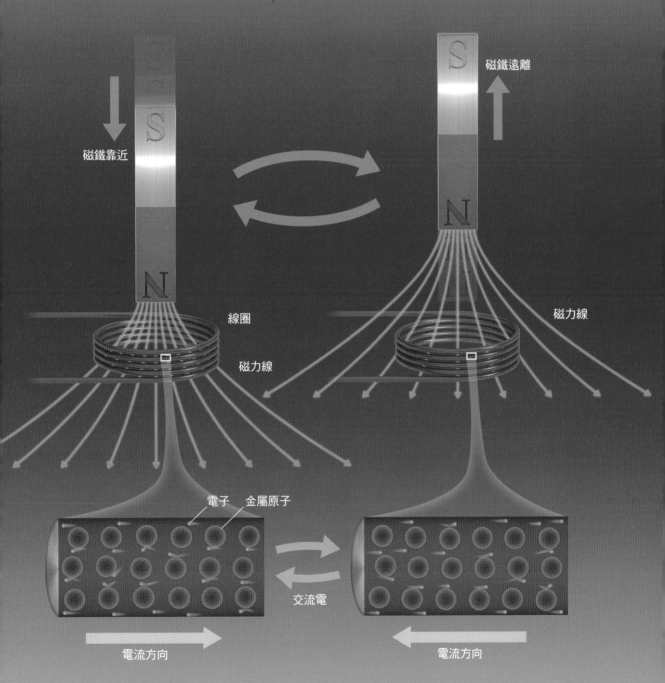

磁鐵靠近線圈時
若磁鐵靠近線圈，則貫穿線圈內側的磁力線
（磁場）會增強。此時，電流就會通過線
圈。如果以微觀視角來看，導線中的電子是
因磁力線的變化而移動。

磁鐵遠離線圈時
若磁鐵遠離線圈，則貫穿線圈內側的磁力線
（磁場）會減弱。此時，通過線圈的電流其
方向與磁鐵靠近線圈時相反。

磁鐵遠離

磁鐵靠近

線圈

磁力線

磁力線

電子　金屬原子

交流電

電流方向

電流方向

馬達是利用
磁鐵與電流發動
磁鐵旁的電流
會產生力

電動汽車是使用「馬達」（motor，又稱電動機）來提供轉動輪胎的動力。馬達是指利用電來產生旋轉等運動的裝置。

馬達結構的基本原理是「讓電流流經置於磁鐵旁的導線，則導線上會有力在作用」。導線上會有一個與磁場方向及電流方向垂直的力在作用（圖左）。實際上，力所作用的對象是導線中的電子。作用於微小粒子的力大量聚集起來，最終能化成足以移動導線的巨大力量。

馬達是由磁鐵與線圈組合而成。如果讓電流通過置於被磁鐵包夾之空間（磁場）內的線圈（導線），就會有力作用於導線。馬達這種裝置就是利用該力來獲得使線圈旋轉的動力，常見的電器等眾多物品都有運用馬達。

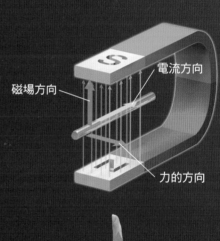

磁場方向　　電流方向

力的方向

磁場方向　　電流方向

弗萊明左手定則　　力的方向

作用於電流的力的方向
如上圖所示，當電流通過置於磁鐵磁極之間的導線時，會有一個同時與電流方向及磁場方向垂直的力在作用。運用上圖中的「弗萊明左手定則」（Fleming's left hand rule）就能輕鬆得知電流、磁場、力各自的方向為何。

作用於導線的力使線圈旋轉

馬達旋轉的原理如圖所示。馬達是由磁鐵與線圈組合而成。

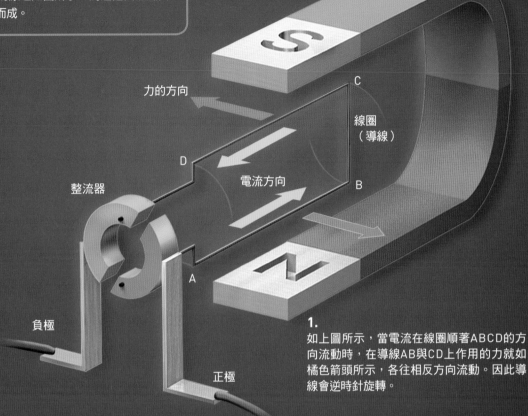

力的方向

線圈
（導線）

整流器

電流方向

負極

正極

1.
如上圖所示，當電流在線圈順著ABCD的方向流動時，在導線AB與CD上作用的力就如橘色箭頭所示，各往相反方向流動。因此導線會逆時針旋轉。

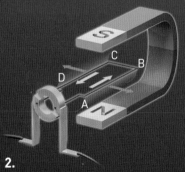

2.
當導線從 **1** 旋轉90度時，雖然作用於導線上的力會轉變為上圖中橘色箭頭的方向，但由於之前旋轉的力量尚存而會繼續旋轉。

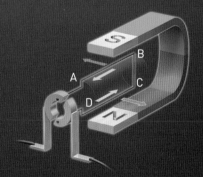

3.
經過**2**的狀態（旋轉了90度的狀態）後，流通線圈的電流方向在整流器的作用下改為DCBA，與之前的方向相反。於是在線圈上作用的力就會如橘色箭頭所示，使線圈朝相同方向繼續旋轉。

家庭用電為何是「交流」電？

日本的電力系統東、西部的頻率不同

1秒內

電 的類型分成兩種：「交流電」（alternating current，AC）與「直流電」（direct current，DC）。舉例來說，從乾電池流出的電為直流電，相對於此，從發電廠輸送到各家庭的電則是交流電。

交流電與直流電的差異在於電流流動的方向（電壓施加的方向）是否會變化。乾電池的電流為方向不變的直流電；從發電廠輸送來的交流電，其電流方向則會週期性變化。

因此，一般發電機產生的交流電會與發電機的磁鐵或線圈的旋轉運動連動，使電流與電壓的值反覆發生週期性變化。這個週期性變化在 1 秒內反覆發生的次數稱為「頻率」，單位為赫茲（Hz）。

從明治時代起，日本家庭用電的頻率在東半部為50赫茲、在西半部為60赫茲，這樣的差異至今依舊存在。

交流電的電流方向有週期性變化

交流電的電流方向會隨時間經過而發生週期性變化。插圖所示為交流電的電流方向及其電量。假設電路中向左流動的電流為正、向右流動的電流為負，則交流電會如圖所示形成正負互相轉換的「正弦曲線」。

日本的電網
圖為日本主要的輸電網路。藍色代表50赫茲的變電所,紅色代表60赫茲的變電所,紫色代表位於東、西部交界的頻率轉換所。此外,有部分地區的輸電是直流電。橘色代表直交流電轉換所。相較於交流電,直流電在輸送時更不容易損失電力。

像這樣在1秒內的電流變化,在東日本會反覆發生50次、在西日本是60次。

發電機轉動 1 次時發生
這個形狀在 1 秒內發生的次數稱為「頻率」。

電流方向與強弱

電流為零

電流為零
（燈滅）

電流朝正的方向
達到最強（燈亮）

日光燈會伴隨著交流電的週期性變化而反覆熄滅與點亮。不過,近年來的日光燈會透過名為「安定器」的電路來提高交流電的頻率。提高頻率可以使燈滅、燈亮的時間間隔縮短,而肉眼難以察覺。亦有可以直接使用交流電,或是透過電路把交流電變換為直流電來使用的電器產品。

光與無線電波的本質是電磁波

由於電場與磁場接連而生
在真空中也能前進

光 及無線電波等的本質 —— 電磁波 —— 不是由「物體的振動」所產生的波。不同於聲波，光及無線電波之所以在空無一物的真空中也能傳遞，是因為這些波並非源自於物體的振動。電磁波可以說是一種「電場」與「磁場」的振動成對、在空間中傳遞的橫波。

那麼，電磁波是如何產生的呢？假如用手指去撥動浮在水面上的球，就

電磁波（無線電波）

電磁波是電場與磁場的方向與強弱一邊振動一邊前進的波。觀察空間中的某一點，會發現電場與磁場的方向與強弱時時刻刻都在變化（如圖中箭頭）。電場與磁場的波朝正交於波的前進方向振動，即為橫波。

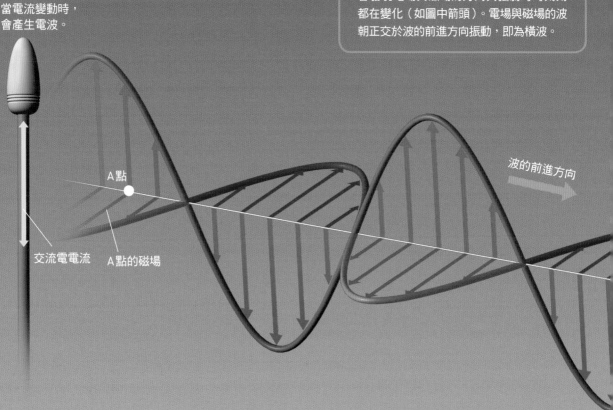

某種天線
（發射端）
當電流變動時，
會產生電波。

A點

波的前進方向

交流電電流　A點的磁場

會產生同心圓形狀的波。如果附近還有其他球浮在水面上，波就會使這顆球一起搖晃。「振動的球與水面的波的關係」相似於「振動的電子與電磁波的關係」。電磁波是由於電子（電荷）的振動而產生。

像交流電這種會改變方向的電流在流動時，周圍會產生變動的磁場，接著又會因為該磁場的變動而產生電場。接著，電場變化又再生出磁場⋯⋯電場和磁場就像這樣互相連鎖產生，如波一般地行進。

電磁波的產生與吸收
紅外線在分子振動、旋轉時產生；可見光、紫外線以及X射線是在原子中的電子從外側軌道落到內側軌道時產生；伽馬射線是原子核從激發態（excited state）回到穩定狀態時產生。無論何種情形都伴隨著帶電粒子的運動，因而產生電磁波。

產生 　　　行進方向 　　　吸收

紅外線

分子振動、旋轉 　　　　　分子振動、旋轉

行進方向

**可見光
紫外線
X射線**
產生 　　　　　　　　吸收

電子從外側軌道
落到內側軌道 　　　　電子從內側軌道
上升到外側軌道

行進方向

原子核 產生

伽馬射線

某種天線
（接收端）
當電磁波碰撞時，電流會根據電場流動。

無論從何處切分
磁鐵都有N、S極

打碎磁鐵會發生什麼事呢？是否能夠讓磁鐵只有N極或是只有S極呢？

如果實際操作，將磁鐵分成兩半，會發現變成兩半的磁鐵都具有N極與S極。那麼，如果繼續打碎又會變得如何呢？

事實上，無論將磁鐵打得多碎，每

即使打碎磁鐵，其碎片仍必定具有N極與S極

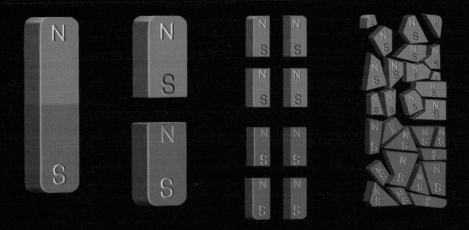

打碎磁鐵時，每個碎片都會產生N極與S極。並不是如圖那樣紅色部分必為N極、藍色部分必為S極。無論磁鐵有多碎，N極與S極都會同時存在。這是因為即使小至電子，也會兼具N極與S極（如右頁插圖所示）。無論把磁鐵分解得多小，都必然存在N極與S極。

個碎片都具有N極與S極。

　　所有物質皆由原子組成，磁鐵亦然。即使把磁鐵分解到只有原子大小，每個原子仍會兼具N極與S極，並且具有磁力。如果再放大來看，會發現原子是由原子核與電子組成，在每一個電子上也都有N極與S極。換句話說，「電子磁鐵」正是所有磁力的根本。

　　由於電子無法再分裂成更小的粒子，因此任何磁鐵都必然存在N極與S極。因此，至今從來沒有發現過只有N極或只有S極的磁鐵。

如果放大磁鐵來看……

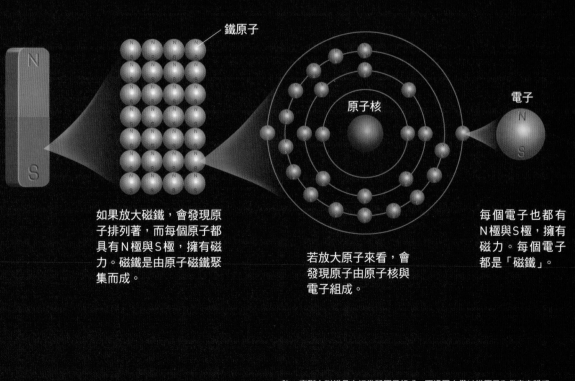

鐵原子

原子核

電子

如果放大磁鐵，會發現原子排列著，而每個原子都具有N極與S極，擁有磁力。磁鐵是由原子磁鐵聚集而成。

若放大原子來看，會發現原子由原子核與電子組成。

每個電子也都有N極與S極，擁有磁力。每個電子都是「磁鐵」。

註：實際上磁鐵是由好幾種原子組成，不過圖中僅以鐵原子為代表來說明。

光也是「粒子」，因此能從遠方看見

光同時具有
波與粒子的性質

我們之所以「看得見燭光」，是因為到達眼睛的光「讓位於視網膜的感光分子發生變化」（光是波的介紹請見第36頁）。假設光純粹是波，計算光波進入眼睛的強度可知，一旦蠟燭遠至數十公尺以外，眼睛中能夠感光的分子就無法獲得足以發生變化的能量。

然而實際上，我們在黑暗中仍看得見遠在數十公尺以外的燭光。由此可

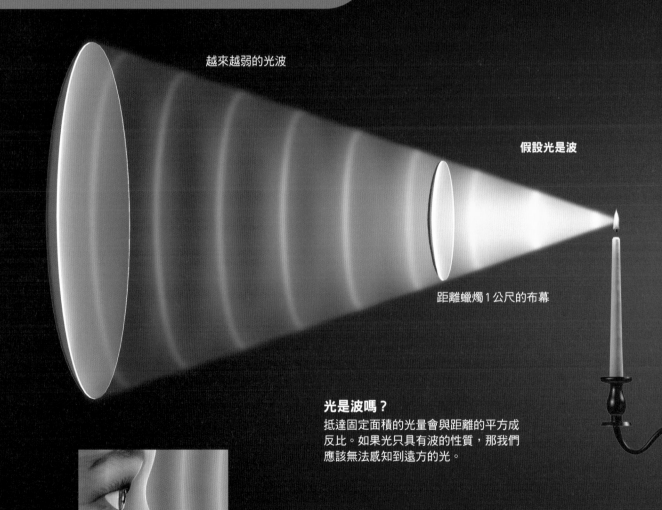

越來越弱的光波

假設光是波

距離蠟燭1公尺的布幕

光是波嗎？
抵達固定面積的光量會與距離的平方成反比。如果光只具有波的性質，那我們應該無法感知到遠方的光。

當光波變弱，肉眼應該感知不到光。

和光應同時具有波與粒子的性質，才能解釋這個現象。 1個光的粒子（光子）所具有的能量，即使移動到遠方也不會改變，而且不會減弱。抵達眼睛的光子數量會隨著距離而減少，但假如光子具有充足的能量，足以使眼睛中的感光分子發生變化，我們就得以看見燭光。

事實上，光是一種既像波又像粒子的神祕存在，這個性質稱為「波粒二像性」（wave-particle duality）。

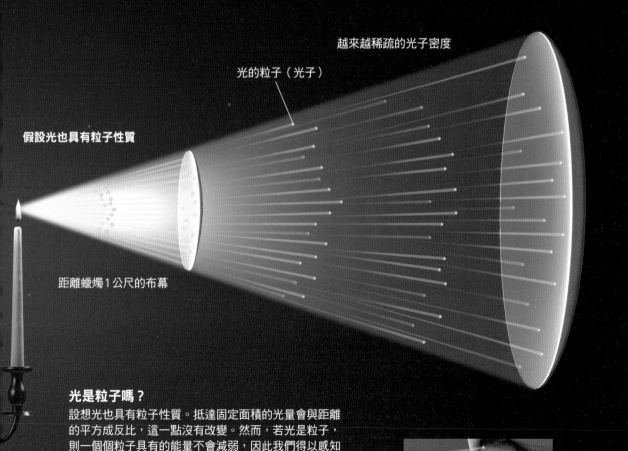

越來越稀疏的光子密度

光的粒子（光子）

假設光也具有粒子性質

距離蠟燭1公尺的布幕

光是粒子嗎？

設想光也具有粒子性質。抵達固定面積的光量會與距離的平方成反比，這一點沒有改變。然而，若光是粒子，則一個個粒子具有的能量不會減弱，因此我們得以感知到光。此外，能看見夜空中的星星也是相同原理。

電子位於
原子周圍的何處？

電子存在於
特殊的軌道上

原子常被描繪成中心有一個帶正電的「原子核」（atomic nucleus），其周圍有帶負電的「電子」在繞轉的模樣。然而，已知在一般狀況下，當電子做圓周運動就會放出電磁波而失去能量。也就是說，繞著原子核轉動的電子理應會逐漸失去能量而往原子核墜落，導致原子無法維持既有的樣貌。

實際上，繞著原子核轉動的電子只能存在於不連續的特殊軌道上，而且在特殊軌道上的電子不會放出電磁波。此時，電子的狀態稱為「穩定態」（steady state）。

如果從電子具有波的性質來思考，當電子軌道長度為電子波波長的整數倍，則電子波繞行軌道 1 圈時波剛好能夠連接起來（右頁圖）。就像這樣，當電子波與軌道長度「恰好相等」時，就可以認為電子處於穩定態。

電子波只能存在於「適當的軌道」

繞著原子核轉動的電子只能存在於不連續的特殊軌道上。右頁圖所示為氫原子的電子軌道。法國物理學家德布羅意（Louis de Broglie，1892～1987）曾經設想電子這類微小粒子具有波的性質，並稱之為「物質波」（matter wave）。電子波的波長無法自由變化，而是取決於與原子核之間的距離。此外，只有在軌道長度「恰好」是電子波波長的整數倍的軌道上，電子才能存在。

註：由丹麥物理學家波耳（Niels Bohr，
1885～1962）發想的原子樣貌尚無法解
釋原子的所有性質。而更精確的原子樣
貌後由量子力學得到闡明。

如右所示，電子無法存在
於軌道長度非波長整數倍
的軌道上。

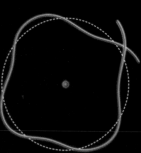

氫原子的電子軌道

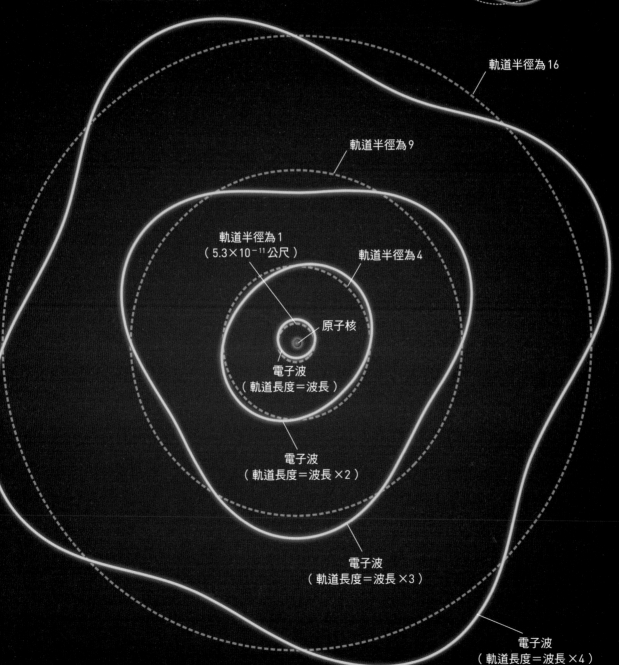

軌道半徑為16

軌道半徑為9

軌道半徑為1
（ $5.3×10^{-11}$ 公尺）

軌道半徑為4

原子核

電子波
（軌道長度＝波長）

電子波
（軌道長度＝波長×2）

電子波
（軌道長度＝波長×3）

電子波
（軌道長度＝波長×4）

既是粒子也是波所代表的意義

未觀測時是波，
觀測時是粒子的神奇性質

光 與電子同時具有波與粒子的性質。事實上，除了光與電子之外，原子、原子核、質子、中子以及其他基本粒子也都具備這個神奇性質。對於這個看似難以令人接受的科學事實，不妨用以下的方式來思考。

就以電子為例，當未對電子進行觀測的時候，它會保持波的性質廣布於空間中（左頁圖）。然而，若是在電子波受光照射等情況下對其進行觀測

電子波一經觀測就會瞬間塌縮

觀測前

廣布於空間中的
電子波示意圖

此為電子「波粒二象性」的示意圖。左頁圖是觀測前於空間中擴散的電子波。電子波一經觀測就會瞬間聚集在擴散範圍內的某處，形成「針狀波」（右頁圖）。針狀波被觀測時是以粒子的形式存在。

的話，電子波就會瞬間塌縮，形成集中於一處的「針狀波」（右頁圖）。這個集中於一點的波，在我們眼裡看來就如同粒子一樣。也就是說，電子在「未觀測時」是以波的形式運動，在「觀測時」則是以粒子的形式出現。

一旦對電子進行觀測，粒子形式的電子就會出現在被觀測前以波形式擴散的範圍內某處。然而，我們只能知道電子出現在某處的機率，而無法確定其具體的出現位置。如此一來，就能合理地解釋電子等基本粒子所具有的「波粒二象性」了。

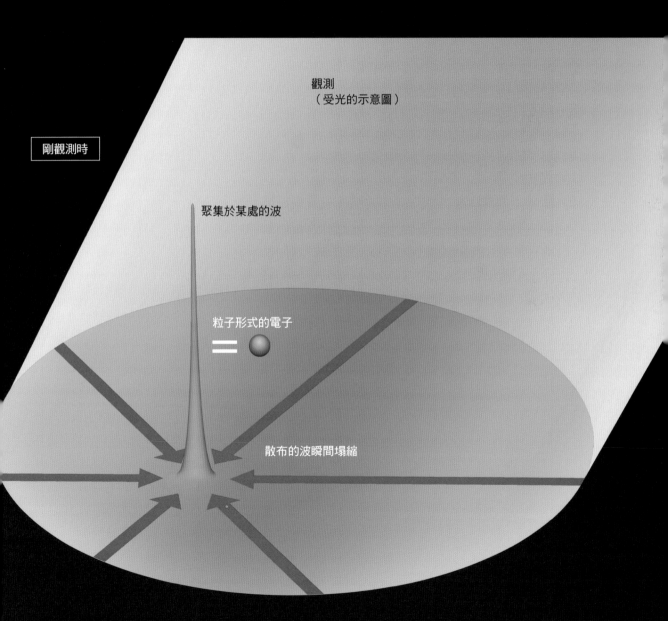

觀測
（受光的示意圖）

剛觀測時

聚集於某處的波

粒子形式的電子

散布的波瞬間塌縮

原子核中
巨大的能量

核融合與核分裂
產生的巨大能量

太陽爲什麼會發光呢？太陽的主要成分是氫，其中心是大約1500萬°C、2300億大氣壓的超高溫暨超高壓狀態。在這樣的環境中，氫的原子核與電子四處飛竄。當4個氫原子核劇烈碰撞、融合之後就會產生氦原子核，這個過程稱為「核融合反應」（nuclear fusion），此時會釋放出巨大能量。該能量能使太陽表面保持大約6000°C，發出明亮的光輝。

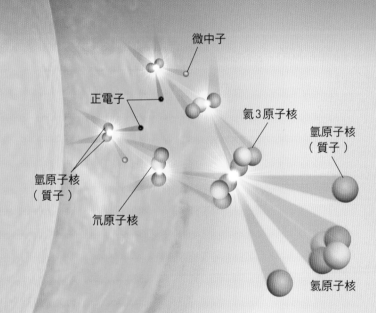

微中子

正電子

氦3原子核

氫原子核
（質子）

氫原子核
（質子）

氘原子核

氦原子核

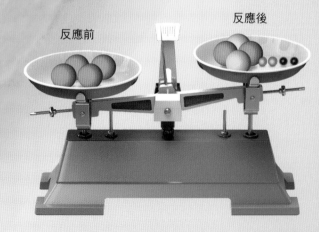

反應前　　　　　　反應後

在太陽發生的核融合反應
在太陽的中心，當4個氫原子核（質子）發生核融合反應，就會形成氦原子核。此時會產生巨大的能量。實際上，反應主要可分為三個階段，具體而言4個氫原子核能夠形成1個氦原子核。

核融合反應為什麼會產生巨大的能量呢？物理學家愛因斯坦（Albert Einstein，1879～1955）在1905年根據相對論推導出的公式「$E = mc^2$」解釋了該原理。此公式代表能量（E）和質量（m）在本質上是相同的東西。此外，c是指秒速約30萬公里的光速。

太陽與核反應爐產生的能量來源

插圖所示為在太陽內部發生的「核融合反應」（左頁）與在核能發電廠核反應爐內發生的「核分裂反應」（右頁）。無論是何種反應，反應後的質量總和都比反應前來得少。減少的質量會以能量的形式釋放出來。

在核反應爐發生的核分裂反應

鈾235原子核如果吸收了1個中子，其狀態會變得不穩定，而分裂為兩個較輕的原子核，此時就會產生巨大的能量。鈾235分裂時會釋放中子，該中子再被其他的鈾235吸收，由此產生核分裂的連鎖反應。

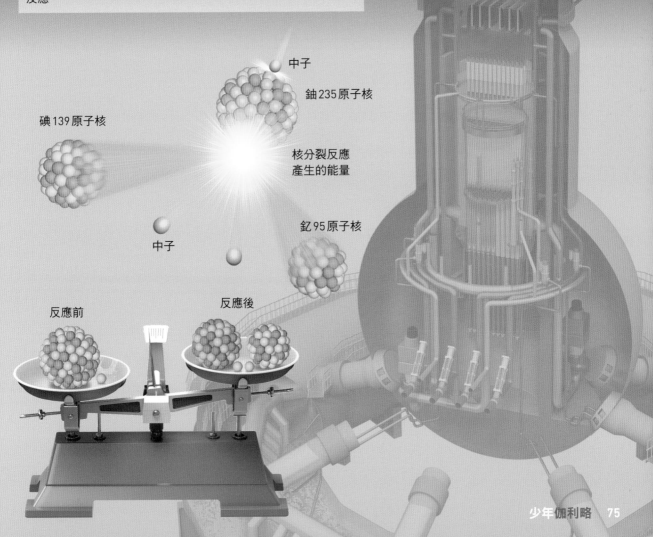

中子

鈾235原子核

碘139原子核

核分裂反應產生的能量

釓95原子核

中子

反應前

反應後

原子僅由 3 種基本粒子組成

電子、上夸克與下夸克是物質的最小單位

構成世界上一切物質的原子，是由 3 種無法再分解的「基本粒子」（elementary particle）所組成，也就是電子、上夸克（up quark）與下夸克（down quark）。

在研究基本粒子時，科學家會使用名為粒子加速器的巨大實驗儀器。透過粒子加速器中的強力磁鐵等裝置，讓電子、質子及中子等加速到接近光速並彼此碰撞，再觀察其樣貌以找出未知的粒子與現象。

時至今日，已透過實驗發現 6 種夸克。除了上夸克、下夸克之外，還有魅夸克（charm quark）、頂夸克（top quark）、奇夸克（strange quark）與底夸克（bottom quark）。儘管上夸克與下夸克之外的夸克並非構成物質的基本粒子，但也會存在於宇宙射線等處。

此外，已知電子同樣有 6 種，譬如微中子等。其實我們眼前就有大量的微中子在飛舞，只是由於它們會穿越物質，我們才無法感知到其存在。

由 3 種基本粒子構成的物質

周圍的物質是由原子組成，而所有的原子都是由電子、上夸克、下夸克這 3 種基本粒子組合而成。

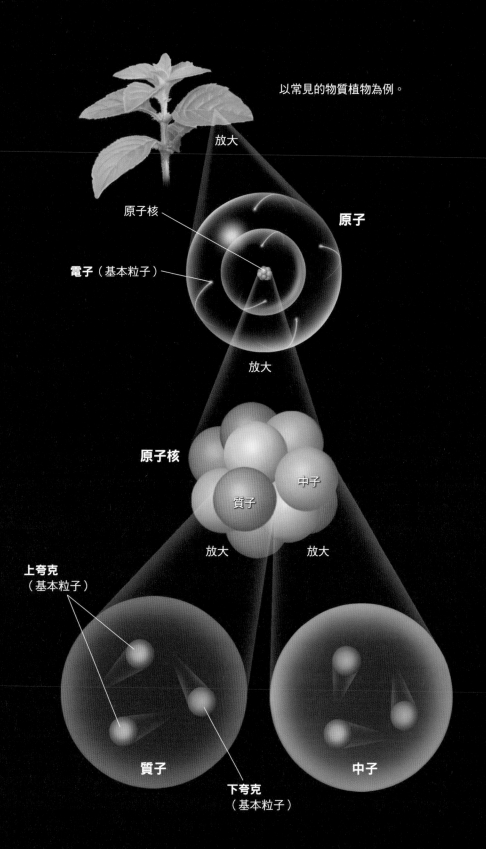

以常見的物質植物為例。

原子

原子核

電子（基本粒子）

原子核

質子

中子

上夸克
（基本粒子）

質子

中子

下夸克
（基本粒子）

放大

放大

放大

放大

有關《3小時讀物理》的內容至此告一個段落。本書從物體的運動、氣體與熱的性質、波的性質、電與磁的作用，一路介紹到原子與光的本質等等。

上述五大主題，是在高中畢業前的物理課程中會學習的基本知識。本書以周遭常見的現象為例，淺顯易懂地解說各個觀念。

物理這門學問探究的是潛藏在自然界中的「規則」。平時沒有特別留意的話就幾乎不太會發現，但自然界中的各種現象確實是遵循著「規則」發生的。

衷心希望本書能作為契機，引發各位對物理產生更濃厚的興趣。　🪐

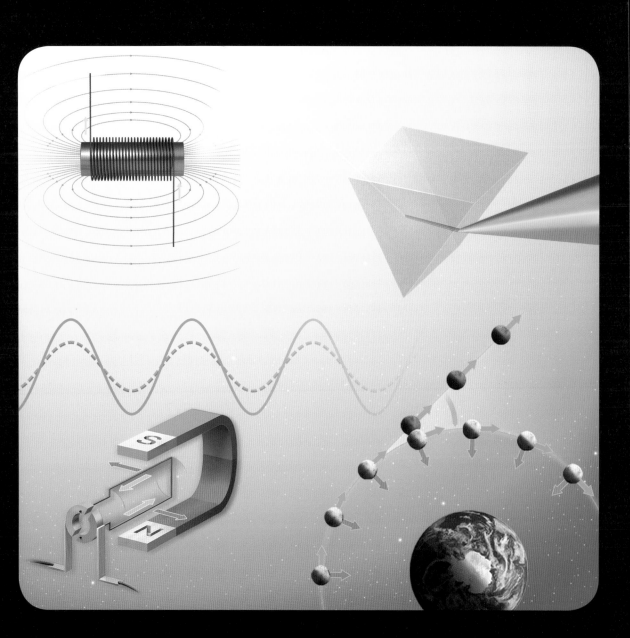

人人伽利略 科學叢書11

國中·高中物理
徹底了解萬物運行的規則！

　　本書以五大主題「力與運動」、「氣體與熱」、「波」、「電與磁」、「原子」分別解說各種物理知識，搭配原理與定律的重點整理，讀來章節分明、章章精彩。

　　還覺得物理只能靠死背，撐過去就對嗎？自然組唯有讀懂物理，才能搶得先機。無論是學生還是想進修的大人、想成為孩子「後援」的家長，都能在3小時內抓到訣竅！

定價：380元

少年伽利略 科學叢書28

3小時讀化學
高效掌握國高中基礎化學

　　脫離學校的課程後，化學看似與我們的生活無緣，但如果能從生活的面向認識，就能知道化學在現代社會的巨大貢獻，學起來更有趣！

　　本書從原子的結構開始介紹，說明週期表的特色、原子&分子的連結方式，還有令人驚奇的各種化學反應。最後是現代社會不可欠缺的有機化學，20世紀後，人類開始以人工方式合成物品及藥品，而出現了橡膠輪胎、氣球、止痛藥等。有機化學的世界不可限量！

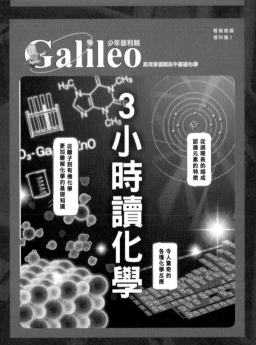

定價：250元

【 少年伽利略 35 】

3小時讀物理
快速掌握國高中基礎物理

作者／日本Newton Press
特約編輯／洪文樺
翻譯／吳家葳
編輯／蔣詩綺
發行人／周元白
出版者／人人出版股份有限公司
地址／231028 新北市新店區寶橋路235巷6弄6號7樓
電話／（02）2918-3366（代表號）
傳真／（02）2914-0000
網址／www.jjp.com.tw
郵政劃撥帳號／16402311 人人出版股份有限公司
製版印刷／長城製版印刷股份有限公司
電話／（02）2918-3366（代表號）
香港經銷商／一代匯集
電話／（852）2783-8102
第一版第一刷／2023年5月
定價／新台幣250元
　　　港幣83元

國家圖書館出版品預行編目（CIP）資料

3小時讀物理：快速掌握國高中基礎物理
日本Newton Press作；
吳家葳翻譯. -- 第一版. --
新北市：人人出版股份有限公司, 2023.05
面；公分. —（少年伽利略；35）
ISBN 978-986-461-330-4（平裝）
1.CST：物理學　2.CST：中等教育

524.36　　　　　　　　　　112004696

NEWTON LIGHT 2.0 3JIKAN DE
WAKARU BUTSURI
Copyright © 2021 by Newton Press Inc.
Chinese translation rights in complex
characters arranged with Newton Press
through Japan UNI Agency, Inc., Tokyo
www.newtonpress.co.jp
●著作權所有・翻印必究●

Staff

Editorial Management	木村直之
Design Format	米倉英弘 + 川口 匠（細山田デザイン事務所）
Editorial Staff	小松研吾，谷合 稔

Photograph

2～3	【ボイジャー】Brian Kumanchik, Christian Lopez. NASA/JPL-Caltech, 【背景】ESA/Gaia/DPAC, CC BY-SA 3.0 IGO (https://creativecommons.org/licenses/by-sa/3.0/igo/)	9	【スカイダイビングをする人】Alamy/ユニフォトプレス
7	JAXA/NASA	14～15	JAXA
		20～21	photolibrary
		44～45	Patrick Daxenbichler/stock.adobe.com

Illustration

Cover Design	宮川愛理	14	Newton Press
4～9	Newton Press	16～19	Newton Press
10～11	Newton Press・地図データ：Reto Stöckli, NASA Earth Observatory・地図データ：NASA Goddard Space Flight Center Image by Reto Stöckli (land surface, shallow water, clouds). Enhancements by Robert Simmon (ocean color, compositing, 3D globes, animation). Data and technical support: MODIS LandGroup; MODIS Science Data Support Team; MODIS Atmosphere Group; MODIS Ocean Group Additional data: USGS EROS Data Center (topography); USGS Terrestrial Remote Sensing Flagstaff Field Center (Antarctica); Defense Meteorological Satellite Program (city lights).	22～25	吉原成行
		26～27	カサネ・治
		28～61	Newton Press
		63～65	Newton Press, 【マクスウェル】黒田清桐, 吉原成行
		66～73	Newton Press
		74～75	Newton Press・Rey.Hori
		77	Newton Press
12～13	木下真一郎		